Czarowne Wypieki

Książka z Przepisami na Wyjątkowe Ciasta

Anna Kowalska

Indeks

lukier lukier 12

Kawa Glacé 12

Glace Lukier Cytrynowy 13

Lukier Pomarańczowy Lukier 13

Rumowy Glace Glace 14

Glac Waniliowy Glac 14

Gotowana lukier czekoladowy 15

polewa czekoladowo-kokosowa 15

posypka krówkowa 17

Słodki zasięg Requeijão 17

Amerykański aksamitny lukier 18

lukier maślany 18

lukier karmelowy 19

lukier cytrynowy 19

Lukierowy krem maślany do kawy 20

Lukier Lady Baltimore 21

szron 22

Kremowo-białe krycie 22

puszysty biały szron 23

powłoka z brązowego cukru 24

Polewa kremowo-waniliowa 25

krem waniliowy 26

nadzienie kremowe 27

Duńskie nadzienie kremowe 28

Duńskie bogate nadzienie kremowe 29

Crème Patissière 30

Nadzienie kremowo-imbirowe 31

nadzienie cytrynowe 32

polewą czekoladową 33

Glazura Owocowa 34

Glazura do ciasta pomarańczowego 34

Kwadraty bezowe migdałowe 35

anioł spada 36

pokrojone migdały 37

Tartaletki Bakewell 38

Motylowe Ciasta Czekoladowe 39

ciasta kokosowe 40

Słodkie babeczki 41

Ciasta Kawowe 42

ciasta eklesowe 43

bajkowe ciasta 44

Bajkowe Torty Z Lodami Piórkowymi 45

genueńska fantazja 46

makaron migdałowy 46

Coconut Macaroons 48

makaron cytrynowy 49

Makaroniki Owsiane 50

magdalenki 51

ciasta marcepanowe 52

ciasta waszyngtońskie 53

babeczki jabłkowe 54

Babeczki bananowe 55
Muffinki z Czarną Porzeczką 56
Muffinki z jagodami amerykańskimi 57
Muffinki Wiśniowe 58
Ciasta czekoladowe 59
Ciasta czekoladowe 60
muffiny cynamonowe 61
muffinki kukurydziane 62
Muffinki z całych fig 63
Muffinki z owocami i otrębami 64
muffinki owsiane 65
muffinki owsiane 66
Muffinki pomarańczowe 67
Brzoskwiniowe muffiny 68
Muffinki z masłem orzechowym 69
Muffinki ananasowe 70
muffinki malinowe 71
Muffinki malinowe i cytrynowe 72
muffinki sułtańskie 73
Muffinki z melasą 74
Muffinki z melasą i płatkami owsianymi 75
tosty owsiane 76
Omlety Biszkoptowe Truskawkowe 77
Ciasta Miętowe 78
Ciasta Rodzynkowe 79
Loki z rodzynkami 80
bułeczki malinowe 81

Ciasta z brązowego ryżu i słonecznika 82

ciasteczka skalne 83

Ciasta Rockowe bez Cukru 84

ciasta szafranowe 85

Baba Rumowa 86

biszkopty 88

Czekoladowe Ciasta Biszkoptowe 89

letnie kule śnieżne 90

Krople Gąbki 91

Podstawowe Bezy 92

bezy migdałowe 93

Ciasteczka na bezie hiszpańskiej z migdałami 94

śliczne koszyczki bezowe 95

Smażone Ziemniaki Migdałowe 96

Bezy Hiszpańskie Migdałowo-Cytrynowe 97

Bezy Z Polewą Czekoladową 98

Bezy Czekoladowe Miętowe 99

Chipsy czekoladowe i bezy orzechowe 99

bezy orzechowe 100

Ciasto Bezowe Z Orzechami 101

Plasterki makaronika z orzechami laskowymi 103

Warstwa bezowo-orzechowa 104

Góry Bezowe 106

Bezy Krem Malinowy 107

Ciasteczka Ratafii 108

Karmel Vacherin 109

Zwykłe bułeczki 110

Bogate kluski jajeczne 111

bułeczki z jabłkami 112

Scones z jabłkami i kokosem 113

Scones z jabłkami i daktylami 114

placuszki jęczmienne 115

randkowe bułeczki 116

Herby Scones 117

Gâteau z musem truskawkowym 118

Dziennik świąt Bożego Narodzenia 120

Ciasto Wielkanocne Kaptur 122

Wielkanocne ciasto Simnel 124

Tort na 12 noc 126

Ciasto jabłkowe z mikrofali 127

Ciasto jabłkowe z mikrofali 128

Ciasto jabłkowo-orzechowe do mikrofalówki 129

Ciasto marchewkowe z mikrofali 130

Ciasto marchewkowo-ananasowo-orzechowe z mikrofali 131

Ciasta z otrębami sezonowane w kuchence mikrofalowej 133

Ciasto z Bananami I Marakują Do Kuchenki Mikrofalowej 134

Sernik pomarańczowy pieczony w kuchence mikrofalowej 135

Sernik ananasowy z mikrofali 137

Chleb mikrofalowy z wiśniami i orzechami włoskimi 138

Ciasto czekoladowe z mikrofali 139

Ciasto czekoladowo-migdałowe z mikrofali 140

Brownies z podwójną czekoladą do mikrofalówki 142

Batony czekoladowe do mikrofalówki 143

Kwadraty czekoladowe do mikrofalówki 144

Szybkie ciasto kawowe z mikrofali 146

Świąteczne ciasto z mikrofali 147

Kruche ciasto z mikrofali 149

Daktyle mikrofalowe 150

Chleb figowy z mikrofali 151

Płatki mikrofalowe 152

Ciasto owocowe z mikrofali 153

Kwadraty z owocami i kokosem do mikrofalówki 154

Ciasto Krówkowe z Mikrofalówki 155

Chleb Miodowy z Mikrofalówki 156

batoniki piernikowe do mikrofalówki 157

Złote ciasto z mikrofali 158

Ciasto z miodem i orzechami laskowymi z mikrofali 159

Batony musli do żucia w kuchence mikrofalowej 160

Ciasto orzechowe z mikrofali 161

Ciasto z sokiem pomarańczowym do mikrofalówki 162

mikrofalówka Pavlova 164

ciasto z mikrofali 165

Ciasto truskawkowe z mikrofali 166

Biszkopt z mikrofali 167

Batony mikrofalowe Sultana 168

Ciasteczka czekoladowe do mikrofalówki 169

Ciasteczka kokosowe do mikrofalówki 170

Florentynki z mikrofali 171

Ciastka wiśniowo-orzechowe z mikrofali 172

Ciasteczka Sultana z mikrofalówki 173

Chleb bananowy z mikrofali 174

Chleb serowy z mikrofali 175

Chleb orzechowy z mikrofali 176

Nieupieczone ciasto Amaretti 177

Amerykańskie chrupiące batoniki ryżowe 178

kwadraty adamaszku 179

Szwajcarskie ciasto damasceńskie 180

Połamane Ciasta Biszkoptowe 181

Nieupieczone ciasto maślane 182

plasterek kasztana 183

Ciasto Biszkoptowe Kasztanowe 184

Batony czekoladowe i migdałowe 186

Kruche Ciasto Czekoladowe 187

Kwadraty z okruchów czekolady 188

Czekoladowe Ciasto Lodowe 189

Ciasto Czekoladowo-Owocowe 190

Kwadraty z czekoladą i imbirem 191

Luksusowe kwadraty z czekoladą i imbirem 192

Ciasteczka Czekoladowe Miodowe 193

Piętrowe ciasto czekoladowe 194

dobre batony czekoladowe 195

Czekoladowe Praliny Kwadraty 196

Chrupki kokosowe 197

Crunch Bary 198

Chipsy kokosowo-rodzynkowe 199

Kawa z kwadratami mleka 200

Nieupieczone ciasto owocowe 201

owocowe kwadraty 202

Krakersy owocowe i włókniste 203

Ciasto nugatowe 204

Kwadraty mleka i gałki muszkatołowej 205

chrupiące musli 207

Kwadraty z musem pomarańczowym 208

kwadraty orzechowe 209

Miętowe Ciasteczka Karmelowe 210

wafle ryżowe 211

Toffi z ryżem i czekoladą 212

pasta migdałowa 213

Pasta Migdałowa Bez Cukru 214

Lukier królewski 215

lukier bez cukru 216

lukier kremowy 217

Lukier maślany 218

Lukier czekoladowy do ciasta 219

Lukier z masłem z białej czekolady 220

Lukier z masłem kawowym 221

Lukier z masłem cytrynowym 222

lukier lukier

Wystarcza na pokrycie ciasta o średnicy 20 cm/8 cm

100 g / 4 uncje / 2/3 szklanki cukru pudru (cukierniczego), przesianego

25–30 ml / 1½ – 2 łyżki wody

Kilka kropli barwnika spożywczego (opcjonalnie)

Do miski wsyp cukier i stopniowo dodawaj go do wody, aż uzyskasz jednolitą masę. W razie potrzeby pokoloruj kilkoma kroplami barwnika spożywczego. Lukier będzie nieprzezroczysty, jeśli zostanie rozsmarowany na zimnych ciastach lub przezroczysty, jeśli zostanie rozsmarowany na gorących ciastach.

Kawa Glacé

Wystarcza na pokrycie ciasta o średnicy 20 cm/8 cm

100 g / 4 uncje / 2/3 szklanki cukru pudru (cukierniczego), przesianego

25–30 ml / 1½ – 2 łyżki bardzo mocnej czarnej kawy

Do miski wsyp cukier i stopniowo mieszaj go z kawą, aż uzyskasz jednolitą masę.

Glace Lukier Cytrynowy

Wystarcza na pokrycie ciasta o średnicy 20 cm/8 cm

100 g / 4 uncje / 2/3 szklanki cukru pudru (cukierniczego), przesianego

25–30 ml / 1½ – 2 łyżki soku z cytryny

Drobno starta skórka z 1 cytryny

Do miski wsyp cukier, wymieszaj sok z cytryny i stopniowo obieraj, aż uzyskasz jednolitą skórkę.

Lukier Pomarańczowy Lukier

Wystarcza na pokrycie ciasta o średnicy 20 cm/8 cm

100 g / 4 uncje / 2/3 szklanki cukru pudru (cukierniczego), przesianego

25–30 ml / 1½ – 2 łyżki soku pomarańczowego

Drobno starta skórka z 1 pomarańczy

Do miski wsyp cukier, wymieszaj sok pomarańczowy i stopniowo obieraj, aż uzyskasz jednolitą warstwę.

Rumowy Glace Glace

Wystarcza na pokrycie ciasta o średnicy 20 cm/8 cm

100 g / 4 uncje / 2/3 szklanki cukru pudru (cukierniczego), przesianego

25–30 ml / 1½ – 2 łyżki rumu

Do miski wsyp cukier i stopniowo mieszaj go z rumem, aż uzyskasz jednolitą masę.

Glac Waniliowy Glac

Wystarcza na pokrycie ciasta o średnicy 20 cm/8 cm

100 g / 4 uncje / 2/3 szklanki cukru pudru (cukierniczego), przesianego

25 ml / 1½ łyżki wody

Kilka kropli esencji waniliowej (ekstrakt)

Do miski wsyp cukier i stopniowo mieszaj wodę z esencją waniliową, aż uzyskasz jednolitą masę.

Gotowana lukier czekoladowy

Może przykryć ciasto o średnicy 23 cm / 9

275 g / 10 uncji / 1¼ szklanki cukru pudru (drobnego)

100 g / 4 uncje / 1 szklanka zwykłej czekolady (półsłodkiej)

50 g / 2 uncje / ¼ szklanki kakao (niesłodzonej czekolady) w proszku

120 ml / 4 uncje / ½ szklanki wody

Wszystkie składniki doprowadzić do wrzenia, mieszając, aż dobrze się połączą. Gotuj na średnim ogniu w temperaturze 108°C / 220°F lub gdy po przeciągnięciu pomiędzy dwiema łyżeczkami uformuje się długi sznurek. Przelać do dużej miski i ubijać, aż masa będzie gęsta i błyszcząca.

polewa czekoladowo-kokosowa

Może przykryć ciasto o średnicy 23 cm / 9

175 g / 6 uncji / 1 ½ szklanki zwykłej czekolady (półsłodkiej)

90 ml / 6 łyżek wrzącej wody

225 g / 8 uncji / 2 szklanki suszonego kokosa (tartego)

Zmieszaj czekoladę i wodę w blenderze lub robocie kuchennym, następnie dodaj kokos i miksuj na gładką masę. Posypujemy nim gładkie, jeszcze ciepłe ciasta.

posypka krówkowa

Może przykryć ciasto o średnicy 23 cm / 9

50 g / 2 uncje / ¼ szklanki masła lub margaryny

45 ml / 3 łyżki proszku kakaowego (czekolady bez cukru).

60 ml / 4 łyżki mleka

425 g / 15 uncji / 2½ szklanki cukru pudru (cukierniczego), przesianego

5 ml / 1 łyżeczka esencji waniliowej (ekstrakt)

W małym rondlu rozpuść masło lub margarynę, dodaj kakao i mleko. Doprowadzić do wrzenia, ciągle mieszając, i zdjąć z ognia. Stopniowo dodawaj cukier i esencję waniliową i ubijaj, aż masa będzie gładka.

Słodki zasięg Requeijão

Może przykryć ciasto o średnicy 30 cm / 12

100 g / 4 uncje / ½ szklanki serka śmietankowego

25 g / 1 uncja / 2 łyżki miękkiego masła lub margaryny

350 g / 12 uncji / 2 szklanki cukru pudru (cukierniczego), przesianego

5 ml / 1 łyżeczka esencji waniliowej (ekstrakt)

30 ml / 2 łyżki klarownego miodu (opcjonalnie)

Serek śmietankowy ubić z masłem lub margaryną na jasną i puszystą masę. Stopniowo dodawaj cukier i esencję waniliową, aż masa będzie gładka. W razie potrzeby dosłodzić odrobiną miodu.

Amerykański aksamitny lukier

Może pokryć dwa ciasta o średnicy 23 cm / 9

175 g / 6 uncji / 1 ½ szklanki zwykłej czekolady (półsłodkiej)

120 ml / 4 uncje / ½ szklanki kwaśnej śmietany (kwaśne mleko)

5 ml / 1 łyżeczka esencji waniliowej (ekstrakt)

Trochę soli

400 g / 14 uncji / 21/3 szklanki cukru pudru (cukierniczego), przesianego

Rozpuść czekoladę w żaroodpornej misce ustawionej nad garnkiem z wrzącą wodą. Zdejmij z ognia i dodaj śmietankę, esencję waniliową i sól. Stopniowo dodawaj cukier, aż masa będzie gładka.

lukier maślany

Może przykryć ciasto o średnicy 23 cm / 9

50 g / 2 uncje / ¼ szklanki miękkiego masła lub margaryny

250 g / 9 uncji / 1½ szklanki cukru pudru (cukierniczego), przesianego

5 ml / 1 łyżeczka esencji waniliowej (ekstrakt)

30 ml / 2 łyżki śmietany pojedynczej (jasnej)

Masło lub margarynę ubić na puszystą masę i stopniowo dodawać cukier, ekstrakt waniliowy i śmietankę, aż masa będzie gładka i kremowa.

lukier karmelowy

Wystarcza do wypełnienia i przykrycia ciasta o średnicy 23 cm / 9 cm

100 g / 4 uncje / ½ szklanki masła lub margaryny

225 g / 8 uncji / 1 szklanka miękkiego brązowego cukru

60 ml / 4 łyżki mleka

350 g / 12 uncji / 2 szklanki cukru pudru (cukierniczego), przesianego

Masło lub margarynę rozpuść z cukrem na małym ogniu, ciągle mieszając, aż masa będzie gładka. Dodać mleko i doprowadzić do wrzenia. Zdjąć z ognia i ostudzić. Dodaj cukier puder, aż uzyskasz obfitą konsystencję.

lukier cytrynowy

Może przykryć ciasto o średnicy 23 cm / 9

25 g / 1 uncja / 2 łyżki masła lub margaryny

5 ml / 1 łyżeczka startej skórki z cytryny

30 ml / 2 łyżki soku z cytryny

250 g / 9 uncji / 1½ szklanki cukru pudru (cukierniczego), przesianego

Masło lub margarynę utrzeć ze skórką cytrynową na jasną i puszystą masę. Stopniowo dodawaj sok z cytryny i cukier, aż masa będzie gładka.

Lukierowy krem maślany do kawy

Wystarcza do wypełnienia i przykrycia ciasta o średnicy 23 cm / 9 cm

1 białko jaja

75 g / 3 uncje / 1/3 szklanki miękkiego masła lub margaryny

30 ml / 2 łyżki gorącego mleka

5 ml / 1 łyżeczka esencji waniliowej (ekstrakt)

15 ml / 1 łyżka granulatu kawy rozpuszczalnej

Trochę soli

350 g / 12 uncji / 2 szklanki cukru pudru (cukierniczego), przesianego

Ubić białka, masło lub margarynę, gorące mleko, esencję waniliową, kawę i sól. Stopniowo mieszaj cukier puder, aż masa będzie gładka.

Lukier Lady Baltimore

Wystarcza do wypełnienia i przykrycia ciasta o średnicy 23 cm / 9 cm

50 g / 2 uncje / 1/3 szklanki posiekanych rodzynek

50 g glazurowanych (kandyzowanych) wiśni, posiekanych

50 g / 2 uncje / ½ szklanki posiekanych orzechów pekan

25 g 3 łyżki suszonych fig, posiekanych

2 białka jaj

350 g / 12 uncji / 1½ szklanki cukru pudru (drobno drobnego)

Szczypta kremu z kamienia nazębnego

75 ml / 5 łyżek zimnej wody

Trochę soli

5 ml / 1 łyżeczka esencji waniliowej (ekstrakt)

Wymieszaj rodzynki, wiśnie, orzechy włoskie i figi. Białka jaj, cukier, krem kamienniczy, wodę i sól ubić w żaroodpornej misce ustawionej nad garnkiem z wrzącą wodą przez około 5 minut, aż powstanie sztywna piana. Zdjąć z ognia i dodać esencję waniliową. Zmieszaj jagody z jedną trzecią lukru i wypełnij nim ciasto, a następnie rozsmaruj pozostałą część na wierzchu i bokach ciasta.

szron

Może przykryć ciasto o średnicy 23 cm / 9

225 g / 8 uncji / 1 szklanka granulowanego cukru

1 białko jaja

30 ml / 2 łyżki wody

15 ml / 1 łyżka golden syropu (jasna kukurydziana)

W żaroodpornej misce umieszczonej nad garnkiem z wrzącą wodą ubić cukier, białka i wodę. Kontynuuj ubijanie przez maksymalnie 10 minut, aż mieszanina zgęstnieje i utworzy sztywną pianę. Zdjąć z ognia i dodać syrop. Kontynuuj uderzanie, aż uzyskasz uogólnioną spójność.

Kremowo-białe krycie

Wystarcza do wypełnienia i przykrycia ciasta o średnicy 23 cm / 9 cm

75ml / 5 łyżek pojedynczej śmietanki (jasnej)

5 ml / 1 łyżeczka esencji waniliowej (ekstrakt)

75 g / 3 uncje / 1/3 szklanki serka śmietankowego

10 ml / 2 łyżeczki miękkiego masła lub margaryny

Trochę soli

350 g / 12 uncji / 2 szklanki cukru pudru (cukierniczego), przesianego

Śmietankę, esencję waniliową, serek śmietankowy, masło lub margarynę i sól wymieszać na gładką masę. Stopniowo dodawaj cukier puder, aż masa będzie gładka.

puszysty biały szron

Wystarcza do wypełnienia i przykrycia ciasta o średnicy 23 cm / 9 cm

2 białka jaj

350 g / 12 uncji / 1½ szklanki cukru pudru (drobno drobnego)

Szczypta kremu z kamienia nazębnego

75 ml / 5 łyżek zimnej wody

Trochę soli

5 ml / 1 łyżeczka esencji waniliowej (ekstrakt)

Białka jaj, cukier, krem z kamienia nazębnego, wodę i sól ubić w żaroodpornej misce ustawionej nad garnkiem z wrzącą wodą i gotować przez około 5 minut, aż powstanie sztywna piana. Zdjąć z ognia i dodać esencję waniliową. Użyj do zrobienia kanapki z ciastem, a następnie rozsmaruj resztę na wierzchu i bokach ciasta.

powłoka z brązowego cukru

Może przykryć ciasto o średnicy 23 cm / 9

225 g / 8 uncji / 1 szklanka miękkiego brązowego cukru

1 białko jaja

30 ml / 2 łyżki wody

5 ml / 1 łyżeczka esencji waniliowej (ekstrakt)

W żaroodpornej misce umieszczonej nad garnkiem z wrzącą wodą ubić cukier, białka i wodę. Kontynuuj ubijanie przez maksymalnie 10 minut, aż mieszanina zgęstnieje i utworzy sztywną pianę. Zdjąć z ognia i dodać esencję waniliową. Kontynuuj uderzanie, aż uzyskasz uogólnioną spójność.

Polewa kremowo-waniliowa

Wystarcza do wypełnienia i przykrycia ciasta o średnicy 23 cm / 9 cm

1 białko jaja

75 g / 3 uncje / 1/3 szklanki miękkiego masła lub margaryny

30 ml / 2 łyżki gorącego mleka

5 ml / 1 łyżeczka esencji waniliowej (ekstrakt)

Trochę soli

350 g / 12 uncji / 2 szklanki cukru pudru (cukierniczego), przesianego

Białka ubić z masłem lub margaryną, gorącym mlekiem, esencją waniliową i solą. Stopniowo mieszaj cukier puder, aż masa będzie gładka.

krem waniliowy

Wydajność: 600 ml / 1 pkt / 2½ filiżanki

100 g / 4 uncje / ½ szklanki cukru pudru (bardzo drobnego)

50 g / 2 uncje / ¼ szklanki mąki kukurydzianej (skrobi kukurydzianej)

4 żółtka

600 ml / 1 pkt / 2½ szklanki mleka

1 laska wanilii (fasola)

Cukier puder, przesiany, do posypania

Połowę cukru utrzeć z mąką kukurydzianą i żółtkami na gładką masę. Pozostały cukier i mleko zagotować z laską wanilii. Wlać mieszaninę cukru do gorącego mleka, ponownie zagotować, ciągle mieszając, i gotować przez 3 minuty, aż zgęstnieje. Przelać do miski, posypać cukrem pudrem, aby zapobiec tworzeniu się kożucha i ostudzić. Przed użyciem ponownie ubić.

nadzienie kremowe

Może wypełnić ciasto o średnicy 23 cm / 9

325 ml / 11 uncji / 11/3 szklanki mleka

45 ml / 3 łyżki mąki kukurydzianej (skrobi kukurydzianej)

60 g / 2½ uncji / 1/3 szklanki cukru pudru (drobno drobnego)

1 jajko

15 ml / 1 łyżka masła lub margaryny

5 ml / 1 łyżeczka esencji waniliowej (ekstrakt)

Zmieszaj 30 ml / 2 łyżki mleka z mąką kukurydzianą, cukrem i jajkiem. Resztę mleka doprowadzić do wrzenia w małym rondlu. Stopniowo dodawaj gorące mleko do masy jajecznej. Opłucz patelnię, ponownie włóż mieszaninę na patelnię i gotuj na małym ogniu, aż zgęstnieje. Dodać masło lub margarynę i esencję waniliową. Przykryj natłuszczonym (woskowanym) pergaminem i odstaw do ostygnięcia.

Duńskie nadzienie kremowe

Wydajność: 750 ml / 1¼ pkt. / 3 filiżanki

2 jajka

50 g / 2 uncje / ¼ szklanki cukru pudru (bardzo drobnego)

50 g / 2 uncje / ½ szklanki mąki zwykłej (uniwersalnej)

600 ml / 1 pkt / 2½ szklanki mleka

¼ laski wanilii (fasola)

Jajka ubić z cukrem, aż masa będzie gęsta. Stopniowo dodawaj mąkę. Zagotuj mleko i laskę wanilii. Wyjmij laskę wanilii i wmieszaj mleko do masy jajecznej. Wróć na patelnię i smaż na małym ogniu przez 2–3 minuty, ciągle mieszając. Przed użyciem ostudzić.

Duńskie bogate nadzienie kremowe

Wydajność: 750 ml / 1¼ pkt. / 3 filiżanki

4 żółtka

30 ml / 2 łyżki cukru kryształu

25 ml / 1½ łyżki mąki pszennej (uniwersalnej)

10 ml / 2 łyżeczki mąki ziemniaczanej

450 ml / ¾ pt / 2 szklanki śmietany zwykłej (jasnej)

Kilka kropli esencji waniliowej (ekstrakt)

150 ml / ¼ pt / 2/3 szklanki śmietanki śmietankowej (ciężkiej), ubitej

Na patelni ubić żółtka, cukier, mąkę i śmietanę. Mieszaj na średnim ogniu, aż mieszanina zacznie gęstnieć. Dodać esencję waniliową i pozostawić do ostygnięcia. Dodaj bitą śmietanę.

Crème Patissière

Pojemność 300 ml / ½ pkt / 1¼ filiżanki

2 oddzielne jajka

45 ml / 3 łyżki mąki kukurydzianej (skrobi kukurydzianej)

300 ml / ½ pt / 1¼ szklanki mleka

Kilka kropli esencji waniliowej (ekstrakt)

50 g / 2 uncje / ¼ szklanki cukru pudru (bardzo drobnego)

W małym rondlu wymieszaj żółtka, mąkę kukurydzianą i mleko na gładką masę. Doprowadzić do wrzenia na średnim ogniu i gotować przez 2 minuty, ciągle mieszając. Dodać esencję waniliową i pozostawić do ostygnięcia.

Białka ubijamy na sztywną pianę, następnie dodajemy połowę cukru i ponownie ubijamy, aż piana będzie sztywna. Dodaj pozostały cukier. Ubij kremową mieszaninę i przechowuj w lodówce, aż będzie gotowa do użycia.

Nadzienie kremowo-imbirowe

Może wypełnić ciasto o średnicy 23 cm / 9

100 g / 4 uncje / ½ szklanki miękkiego masła lub margaryny

450 g / 1 funt / 22/3 szklanki cukru cukierniczego, przesianego

5 ml / 1 łyżeczka sproszkowanego imbiru

30 ml / 2 łyżki mleka

75 g / 3 uncje / ¼ szklanki czarnej melasy (melasa)

Masło lub margarynę utrzyj z cukrem i imbirem, aż uzyskasz jasną śmietankę. Stopniowo ubijaj mleko i melasę, aż masa będzie gładka i łatwa do smarowania. Jeżeli nadzienie jest zbyt rzadkie, dodać odrobinę więcej cukru.

nadzienie cytrynowe

Pojemność 250 ml / 8 uncji / 1 filiżanka

100 g / 4 uncje / ½ szklanki cukru pudru (bardzo drobnego)

30 ml / 2 łyżki mąki kukurydzianej (skrobi kukurydzianej)

60 ml / 4 łyżki soku z cytryny

15 ml / 1 łyżka otartej skórki z cytryny

120 ml / 4 uncje / ½ szklanki wody

Trochę soli

15 ml / 1 łyżka masła lub margaryny

Połącz wszystkie składniki z wyjątkiem masła i margaryny w małym rondlu na małym ogniu, delikatnie mieszając, aż mieszanina będzie gładka. Doprowadzić do wrzenia i gotować przez 1 minutę. Dodaj masło lub margarynę i poczekaj, aż ostygnie. Przed użyciem przechowywać w lodówce.

polewą czekoladową

Może przykryć ciasto o średnicy 25 cm / 10

50 g / 2 uncje / ½ szklanki zwykłej (półsłodkiej) czekolady, posiekanej

50 g / 2 uncje / ¼ szklanki masła lub margaryny

2,5 ml / ½ łyżeczki esencji waniliowej (ekstrakt)

75 ml / 5 łyżek wrzącej wody

350 g / 12 uncji / 2 szklanki cukru pudru (cukierniczego), przesianego

Zmiksuj wszystkie składniki w blenderze lub robocie kuchennym, aż będą gładkie, w razie potrzeby spychając składniki w dół. Użyj go natychmiast.

Glazura Owocowa

Może przykryć ciasto o średnicy 25 cm / 10

75 ml / 5 łyżek złotego syropu (jasna kukurydziana)

60 ml / 4 łyżki soku ananasowego lub pomarańczowego

Połączyć syrop i sok w małym rondlu i doprowadzić do wrzenia. Zdjąć z ognia i posmarować mieszanką wierzch i boki schłodzonego ciasta. Zezwól na ustawienie. Ponownie zagotuj lukier i posmaruj nim drugą warstwę ciasta.

Glazura do ciasta pomarańczowego

Może przykryć ciasto o średnicy 25 cm / 10

50 g / 2 uncje / ¼ szklanki cukru pudru (bardzo drobnego)

30 ml / 2 łyżki soku pomarańczowego

10 ml / 2 łyżeczki startej skórki pomarańczowej

Połączyć składniki w małym rondlu i doprowadzić do wrzenia, ciągle mieszając. Zdjąć z ognia i posmarować mieszanką wierzch i boki schłodzonego ciasta. Zezwól na ustawienie. Ponownie zagotuj lukier i posmaruj nim drugą warstwę ciasta.

Kwadraty bezowe migdałowe

12 lat temu

Ciasto kruche 225 g / 8 oz

60 ml / 4 łyżki dżemu malinowego (konfitura)

2 białka jaj

50 g / 2 uncje / ½ szklanki mielonych migdałów

100 g / 4 uncje / ½ szklanki cukru pudru (bardzo drobnego)

Kilka kropli esencji migdałowej (ekstrakt)

25 g / 1 uncja / ¼ szklanki płatków migdałowych (płatki)

Rozwałkuj ciasto i wyłóż natłuszczoną formę do bułek szwajcarskich o wymiarach 30 x 20 cm / 12 x 8 (forma do bułek z galaretką). Posmaruj dżemem. Białka ubić na sztywną pianę, następnie delikatnie dodać zmielone migdały, cukier i esencję migdałową. Posmaruj konfiturą i posyp płatkami migdałów. Piec w piekarniku nagrzanym do 180°C/350°F/stopień gazu 4 przez 45 minut, aż ciasto będzie złocistobrązowe i chrupiące. Pozostawić do ostygnięcia i pokroić w kwadraty.

anioł spada

24 lata temu

50 g / 2 uncje / ¼ szklanki miękkiego masła lub margaryny

50 g / 2 uncje / ¼ szklanki smalcu (skrobiowego)

100 g / 4 uncje / ½ szklanki cukru pudru (bardzo drobnego)

1 małe ubite jajko

Kilka kropli esencji waniliowej (ekstrakt)

175 g / 6 uncji / 1 ½ szklanki mąki samorosnącej

45 ml / 3 łyżki płatków owsianych

50 g / 2 uncje / ¼ szklanki glazurowanych wiśni (kandyzowanych), przekrojonych na połówki

Masło lub margarynę, smalec i cukier utrzeć na jasną i puszystą masę. Dodaj jajko i esencję waniliową, dodaj mąkę i mieszaj, aż uzyskasz zwarte ciasto. Dzielimy na małe kuleczki i obtaczamy w płatkach owsianych. Ułożyć w dużych odstępach na natłuszczonej blasze do pieczenia i udekorować każdą wiśnią. Piec w piekarniku nagrzanym do 180°C/350°F/stopień gazu 4 przez 20 minut, aż ciasto się zetnie. Pozwól mu ostygnąć na tacy.

pokrojone migdały

12 lat temu

100 g / 4 uncje / ½ szklanki masła lub margaryny

225 g / 8 uncji / 2 szklanki mąki zwykłej (uniwersalnej)

5 ml / 1 łyżeczka proszku do pieczenia

50 g / 2 uncje / ¼ szklanki cukru pudru (bardzo drobnego)

1 jajko, oddzielone

75 ml / 5 łyżek dżemu malinowego (konfitura)

100 g / 4 uncje / 2/3 szklanki cukru pudru (cukierniczego), przesianego

100 g / 4 uncje / 1 szklanka płatków migdałowych (płatki)

Masło lub margarynę utrzeć z mąką i drożdżami, aż mieszanina będzie przypominać bułkę tartą. Dodajemy cukier, żółtko i wyrabiamy, aż powstanie zwarte ciasto. Rozwałkować na lekko posypanej mąką powierzchni tak, aby zmieściła się w natłuszczonej szwajcarskiej formie do bułek (30 x 20 cm / 12 x 8) (forma na galaretkę). Delikatnie dociśnij do formy i delikatnie podnieś brzegi ciasta, tworząc wargę. Posmaruj dżemem. Białka ubić na sztywną pianę, następnie stopniowo dodawać cukier puder. Nasmaruj dżemem i posyp migdałami. Piec w piekarniku nagrzanym do 160°C/325°F/stopień gazu 3 przez 1 godzinę, aż ciasto będzie złote i gotowe. Studzimy w formie przez 5 minut, kroimy w słupki i przekładamy na metalową kratkę do wystygnięcia.

Tartaletki Bakewell

24 lata temu

Na ciasto:

25 g / 1 uncja / 2 łyżki smalcu (skrobiowego)

25 g / 1 uncja / 2 łyżki masła lub margaryny

100 g / 4 uncje / 1 szklanka mąki zwykłej (uniwersalnej)

Trochę soli

30 ml / 2 łyżki wody

45 ml / 3 łyżki dżemu malinowego (konfitura)

Do wypełnienia:

50 g / 2 uncje / ¼ szklanki miękkiego masła lub margaryny

50 g / 2 uncje / ¼ szklanki cukru pudru (bardzo drobnego)

1 jajko, lekko ubite

25 g / 1 uncja / ¼ szklanki mąki samorosnącej (samorosnącej)

25 g / 1 uncja / ¼ szklanki mielonych migdałów

Kilka kropli esencji migdałowej (ekstrakt)

Aby przygotować ciasto (pastę), rozetrzyj smalec z masłem lub margaryną z mąką i solą, aż mieszanina będzie przypominać bułkę tartą. Dolać tyle wody, aby powstało miękkie ciasto. Rozwałkować na lekko posypanej mąką powierzchni, wyciąć koła o średnicy 7,5 cm / 3 i wyłożyć nimi dwie natłuszczone formy do pieczenia chleba (formy do hamburgerów). Napełnij dżemem.

Aby przygotować nadzienie, utrzyj masło lub margarynę z cukrem i stopniowo dodawaj jajko. Dodać mąkę, zmielone migdały i esencję migdałową. Wlać mieszaninę do placków, uszczelniając krawędzie ciasta, aby dżem był całkowicie pokryty. Piec w piekarniku nagrzanym do 180°C/350°F/stopień gazu 4 przez 20 minut, aż uzyska złoty kolor.

Motylowe Ciasta Czekoladowe

Na około 12 ciastek

Do ciast:
100 g / 4 uncje / ½ szklanki miękkiego masła lub margaryny

100 g / 4 uncje / ½ szklanki cukru pudru (bardzo drobnego)

2 jajka, lekko ubite

100 g / 4 uncje / 1 szklanka mąki samorosnącej (samorosnącej)

30 ml / 2 łyżki proszku kakaowego (czekolady bez cukru).

Trochę soli

30 ml / 2 łyżki zimnego mleka

Na lukier (lukier):
50 g / 2 uncje / ¼ szklanki miękkiego masła lub margaryny

100 g / 4 uncje / 2/3 szklanki cukru pudru (cukierniczego), przesianego

10 ml / 2 łyżeczki gorącego mleka

Aby przygotować ciasta, utrzyj masło lub margarynę z cukrem na jasną i puszystą masę. Stopniowo ubijaj jajka, na przemian z mąką, kakao i solą, następnie dodawaj mleko, aż uzyskasz gładką masę. Przelać do papierowych ciast (papier do babeczek) lub natłuszczonych foremek do chleba (form do hamburgerów) i piec w nagrzanym piekarniku w temperaturze 190° / 375° F / gaz, stopień 5, przez 15-20 minut, aż dobrze wyrośnie i będzie elastyczne w dotyku. Ostudzić. Odetnij końce ciastek poziomo, a następnie przetnij je na pół pionowo, aby utworzyć „skrzydła" motyla.

Aby przygotować lukier, utrzyj masło lub margarynę na puszystą masę, następnie dodaj cukier puder na pół. Dodać mleko, a następnie pozostały cukier. Podzielić masę lukrową pomiędzy ciasta i wcisnąć „skrzydełka" pod kątem w wierzch ciasta.

ciasta kokosowe

12 lat temu

100 g / 4 uncje Kruche ciasto

50 g / 2 uncje / ¼ szklanki miękkiego masła lub margaryny

50 g / 2 uncje / ¼ szklanki cukru pudru (bardzo drobnego)

1 ubite jajko

25 g / 1 uncja / 2 łyżki mąki ryżowej

50 g / 2 uncje / ½ szklanki suszonego kokosa (tartego)

1,5 ml / ¼ łyżeczki proszku do pieczenia

60 ml / 4 łyżki pasty czekoladowej

Rozwałkuj ciasto (ciasto) i wyłóż nim kawałki formy do pieczenia chleba (pastelowej formy). Masło lub margarynę utrzeć z cukrem, następnie dodać jajko i mąkę ryżową. Dodaj kokos i drożdże. Na dnie każdej foremki (ciasta) nałóż łyżkę czekolady do smarowania. Posmaruj wierzch mieszaniną kokosa i piecz w piekarniku nagrzanym do 200°C / 400°F / gaz, stopień 6, przez 15 minut, aż ciasto wyrośnie i będzie złociste.

Słodkie babeczki

15 lat temu

100 g / 4 uncje / ½ szklanki miękkiego masła lub margaryny

225 g / 8 uncji / 1 szklanka cukru pudru (bardzo drobnego)

2 jajka

5 ml / 1 łyżeczka esencji waniliowej (ekstrakt)

175 g / 6 uncji / 1 ½ szklanki mąki samorosnącej

5 ml / 1 łyżeczka proszku do pieczenia

Trochę soli

75 ml / 5 łyżek mleka

Masło lub margarynę utrzeć z cukrem na jasną i puszystą masę. Stopniowo dodawaj jajka i esencję waniliową, dobrze ubijając po każdym dodaniu. Dodawać na zmianę mąkę, drożdże i sól z mlekiem, dobrze ubijając. Wlać mieszaninę do papierowych foremek do babeczek i piec w nagrzanym piekarniku w temperaturze 190°C / 375°F / gaz, stopień 5, przez 20 minut, aż wykałaczka wbita w środek będzie sucha.

Ciasta Kawowe

12 lat temu

Do ciast:

100 g / 4 uncje / ½ szklanki miękkiego masła lub margaryny

100 g / 4 uncje / ½ szklanki cukru pudru (bardzo drobnego)

2 jajka, lekko ubite

100 g / 4 uncje / 1 szklanka mąki samorosnącej (samorosnącej)

10 ml / 2 łyżeczki esencji kawowej (ekstrakt)

Na lukier (lukier):

50 g / 2 uncje / ¼ szklanki miękkiego masła lub margaryny

100 g / 4 uncje / 2/3 szklanki cukru pudru (cukierniczego), przesianego

Kilka kropli esencji kawowej (ekstrakt)

100 g / 4 uncje / 1 szklanka kawałków czekolady

Aby przygotować ciasta, utrzyj masło lub margarynę z cukrem na jasną i puszystą masę. Stopniowo ubić jajka, następnie dodać mąkę i esencję kawową. Wlać mieszaninę do papierowych foremek (papieru do babeczek) umieszczonych w formie do pieczenia (formie do pieczenia) i piec w nagrzanym piekarniku w temperaturze 180°C / 350°F / gaz 4 przez 20 minut, aż dobrze wyrośnie i stanie się elastyczne w dotyku. Ostudzić.

Aby przygotować lukier, utrzyj masło lub margarynę na gładką masę, następnie dodaj cukier puder i esencję kawową. Posmaruj ciastem i udekoruj kropelkami czekolady.

ciasta eklesowe

16 lat temu

50 g / 2 uncje / ¼ szklanki masła lub margaryny

50 g / 2 uncje / ¼ szklanki miękkiego brązowego cukru

225 g / 8 uncji / 11/3 szklanki czarnej porzeczki

Ciasto francuskie lub ciasto francuskie 450 g / 1 funt

trochę mleka

45 ml / 3 łyżki cukru pudru (drobnego)

Rozpuść masło lub margarynę i brązowy cukier na małym ogniu, dobrze mieszając. Zdjąć z ognia i wymieszać z porzeczkami. Pozwól mu trochę ostygnąć. Rozwałkuj ciasto (pastę) na posypanej mąką powierzchni i pokrój na 16 kółek. Podzielić masę farszową pomiędzy kółka, następnie zagiąć brzegi do środka, spryskując wodą w celu uszczelnienia brzegów. Obróć ciasta na drugą stronę i lekko zwiń je wałkiem do ciasta, aby je lekko spłaszczyć. W każdym z nich naciąć po trzy nacięcia, posmarować mlekiem i posypać cukrem. Ułożyć na natłuszczonej blasze do pieczenia i piec w nagrzanym piekarniku w temperaturze 200°C / 400°F / gaz, stopień 6, przez 20 minut, aż uzyska złoty kolor.

bajkowe ciasta

Daje około 12

100 g / 4 uncje / ½ szklanki miękkiego masła lub margaryny

100 g / 4 uncje / ½ szklanki cukru pudru (bardzo drobnego)

2 jajka, lekko ubite

100 g / 4 uncje / 1 szklanka mąki samorosnącej (samorosnącej)

Trochę soli

30 ml / 2 łyżeczki mleka

Kilka kropli esencji waniliowej (ekstrakt)

Ubić z masłem lub margaryną i cukrem na jasną i puszystą masę. Stopniowo dodawaj jajka, na zmianę z mąką i solą, następnie dodawaj mleko i esencję waniliową, aż masa będzie gładka. Przelać do papierowych ciast (opakowania na babeczki) lub natłuszczonych foremek (form do pieczenia) i piec w nagrzanym piekarniku w temperaturze 190°C / 375°F / gaz 5 przez 15–20 minut, aż dobrze wyrośnie i będzie elastyczne w dotyku.

Bajkowe Torty Z Lodami Piórkowymi

12 lat temu

50 g / 2 uncje / ¼ szklanki miękkiego masła lub margaryny

50 g / 2 uncje / ¼ szklanki cukru pudru (bardzo drobnego)

1 jajko

50 g / 2 uncje / ½ szklanki mąki samorosnącej (samorosnącej)

100 g / 4 uncje / 2/3 szklanki cukru pudru (cukierniczego)

15 ml / 1 łyżka ciepłej wody

Kilka kropli barwnika spożywczego

Masło lub margarynę utrzeć z cukrem na jasną i puszystą masę. Stopniowo dodajemy jajko i mąkę. Podzielić mieszaninę pomiędzy 12 papierowych foremek do ciastek (papierów do babeczek) umieszczonych w foremkach do bochenków (form do hamburgerów). Piec w piekarniku nagrzanym do 160°C/325°F/stopień gazu 3 przez 15–20 minut, aż wyrosną i będą puszyste w dotyku. Ostudzić.

Wymieszaj cukier puder i ciepłą wodę. Pomaluj jedną trzecią lukru (lukieru) wybranym barwnikiem spożywczym. Na ciasto nałóż biały lukier. Rozprowadź kolorowy lukier liniami po cieście, a następnie narysuj czubek noża pod kątem prostym do linii, najpierw w jednym, a potem w drugim kierunku, aby utworzyć falisty wzór. Pozostaw do ustawienia.

genueńska fantazja

12 lat temu

3 jajka, lekko ubite

75 g / 3 uncje / 1/3 szklanki cukru pudru (drobnego)

75 g / 3 uncje / ¾ szklanki mąki samorosnącej (samorosnącej)

Kilka kropli esencji waniliowej (ekstrakt)

25 g / 1 uncja / 2 łyżki masła lub margaryny, roztopionego i ostudzonego

60 ml / 4 łyżki dżemu morelowego (konfitury), przesianego (przecedzonego)

60 ml / 4 łyżki wody

225 g / 8 uncji / 11/3 szklanki cukru pudru (cukierniczego), przesianego

Kilka kropli różowego i niebieskiego barwnika spożywczego (opcjonalnie)

dekoracje do ciast

Jajka i cukier puder umieść w żaroodpornej misce ustawionej nad garnkiem z wrzącą wodą. Ubijaj, aż mieszanina zacznie wychodzić z ubijaka w postaci wstążek. Dodajemy mąkę i esencję waniliową oraz masło lub margarynę. Wlać mieszaninę do natłuszczonej formy 30 x 20 cm / 12 x 8 szwajcarskiej formy do bułek (forma Jello) i umieścić w nagrzanym piekarniku w temperaturze 190 °C / 375 °F / klasa gazu 5 na 30 minut. Pozostawić do ostygnięcia i wycinać kształty. Kompot podgrzać z 30 ml / 2 łyżkami wody i posmarować nim ciasta.

Do miski przesiej cukier puder. Jeśli chcesz zrobić lukier (lukier) w różnych kolorach, podziel go do osobnych miseczek i w środku każdej zrób dziurkę. Stopniowo dodawaj kilka kropli barwnika i pozostałą wodę w takiej ilości, aby powstała bardzo sztywna powłoka. Posmaruj ciasto i udekoruj według smaku.

makaron migdałowy

16 lat temu

Papier ryżowy

100 g / 4 uncje / ½ szklanki cukru pudru (bardzo drobnego)

50 g / 2 uncje / ½ szklanki mielonych migdałów

5 ml / 1 łyżeczka mielonego ryżu

Kilka kropli esencji migdałowej (ekstrakt)

1 białko jaja

8 blanszowanych migdałów, przekrojonych na pół

Blaszkę do ciastek wyłóż papierem ryżowym. Wymieszaj wszystkie składniki oprócz blanszowanych migdałów, aż powstanie sztywna pasta i dobrze ubij. Nakładaj łyżką mieszaninę na blachę do pieczenia i posyp każdą połówką migdała. Piec w piekarniku nagrzanym do 150°C/325°F/gaz, stopień 3, przez 25 minut. Pozostaw do ostygnięcia na blasze do pieczenia, a następnie pokrój lub oderwij każdy kawałek, aby oddzielić go od blachy z papieru ryżowego.

Coconut Macaroons

16 lat temu

2 białka jaj

150 g / 5 uncji / 2/3 szklanki cukru pudru (bardzo drobnego)

150 g / 5 uncji / 1¼ szklanki suszonego kokosa (tartego)

Papier ryżowy

8 lukrowanych (kandyzowanych) wiśni, przekrojonych na połówki

Białka ubić na sztywną pianę. Ubijaj cukier, aż utworzą się sztywne szczyty. Dodaj kokos. Połóż papier ryżowy na blasze do pieczenia (biszkopt) i nałóż łyżką masę na blachę do pieczenia. Na każdym połóż połówkę wiśni. Piec w piekarniku nagrzanym do 160°C/325°F/stopień gazu 3 przez 30 minut, aż ciasto się zetnie. Pozostaw do ostygnięcia na papierze ryżowym i pokrój lub rozerwij każdy kawałek, aby oddzielić go od arkusza papieru ryżowego.

makaron cytrynowy

12 lat temu

100 g / 4 uncje Kruche ciasto

60 ml / 4 łyżki dżemu cytrynowego

2 białka jaj

50 g / 2 uncje / ¼ szklanki cukru pudru (bardzo drobnego)

25 g / 1 uncja / ¼ szklanki mielonych migdałów

10 ml / 2 łyżeczki mielonego ryżu

5 ml / 1 łyżeczka wody z kwiatu pomarańczy

Rozwałkuj ciasto (ciasto) i wyłóż nim kawałki formy do pieczenia chleba (pastelowej formy). Do każdej foremki (skorupki ciasta) włóż małą łyżkę marmolady. Białka ubić na sztywną pianę. Ubijaj cukier, aż będzie sztywny i błyszczący. Dodaj migdały, ryż i wodę z kwiatu pomarańczy. Rozsmaruj na pudełkach, całkowicie zakrywając dżem. Piec w piekarniku nagrzanym do 180°C / 350°F / gaz 4 przez 30 minut, aż wyrośnie i będzie złociste.

Makaroniki Owsiane

24 lata temu

175 g / 6 uncji / 1½ szklanki płatków owsianych

175 g / 6 uncji / ¾ szklanki cukru muscovado

120 ml / 4 uncje / ½ szklanki oleju

1 jajko

2,5 ml / ½ łyżeczki soli

2,5 ml / ½ łyżeczki esencji migdałowej (ekstrakt)

Wymieszaj płatki owsiane, cukier i olej i odstaw na 1 godzinę. Dodać jajko, sól i esencję migdałową. Nakładaj łyżkami mieszanki na natłuszczoną blachę do pieczenia (ciastko) i piecz w nagrzanym piekarniku w temperaturze 160°C / 325°F / gaz 3 przez 20 minut, aż uzyska złoty kolor.

magdalenki

sprawia, że 9

100 g / 4 uncje / ½ szklanki miękkiego masła lub margaryny

100 g / 4 uncje / ½ szklanki cukru pudru (bardzo drobnego)

2 jajka, lekko ubite

100 g / 4 uncje / 1 szklanka mąki samorosnącej (samorosnącej)

175 g dżemu truskawkowego lub malinowego (konfitura)

60 ml / 4 łyżki wody

50 g / 2 uncje / ½ szklanki suszonego kokosa (tartego)

5 glazurowanych (kandyzowanych) wiśni, przekrojonych na połówki

Masło lub margarynę ubić na jasną i puszystą masę, następnie dodać cukier, aż masa będzie jasna i puszysta. Stopniowo ubijaj jajka, następnie dodaj mąkę. Przelać do dziewięciu natłuszczonych foremek na dariole (budyń zamkowy) i ułożyć na blasze do pieczenia (ciasteczka). Piec w piekarniku nagrzanym do 190°C/375°F/stopień gazu 5 przez 20 minut, aż ciasto dobrze wyrośnie i będzie złocistobrązowe. Pozostawiamy do ostygnięcia w foremkach przez 5 minut, a następnie wstawiamy do piekarnika do całkowitego wystygnięcia.

Wytnij krawędzie każdego ciasta, aby utworzyć płaską podstawę. Dżem przesiej (odcedź) i zagotuj w małym rondlu z wodą, mieszając, aż uzyskasz gładką masę. Rozłóż kokos na dużym arkuszu pergaminu (woskowanego) papieru. W spód pierwszego ciasta wbij wykałaczkę, posmaruj dżemem i obtocz w wiórkach kokosowych, aż pokryją się wiórkami. Ułożyć na talerzu do serwowania. Powtórzyć z pozostałymi ciastami. Na wierzch połóż połówki glazurowanych wiśni.

ciasta marcepanowe

Daje około 12

450 g / 1 funt / 4 szklanki mielonych migdałów

100 g / 4 uncje / 2/3 szklanki cukru pudru (cukierniczego), przesianego

100 g / 4 uncje / ½ szklanki cukru pudru (bardzo drobnego)

30 ml / 2 łyżki wody

3 białka jaj

Na lukier (lukier):

100 g / 4 uncje / 2/3 szklanki cukru pudru (cukierniczego), przesianego

1 białko jaja

2,5 ml / ½ łyżeczki octu

Wszystkie składniki ciasta wymieszać na patelni i delikatnie podgrzewać, mieszając, aż ciasto wchłonie cały płyn. Zdjąć z ognia i ostudzić. Rozwałkować na lekko posypanym mąką blacie na grubość 1/2 cm i pokroić w paski o boku 1/2 cm/3 cm. Pociąć na kawałki o długości 5 cm, ułożyć na natłuszczonej blasze do pieczenia (biszkoptowej) i piec w nagrzanym piekarniku w temperaturze 150°C / 300°F / gaz 2 przez 20 minut, aż wierzch będzie złocistobrązowy. Ostudzić.

Aby przygotować lukier, stopniowo mieszaj białko jaja i ocet z cukrem pudrem, aż uzyskasz gładki, gęsty lukier. Polej ciasta lukrem.

ciasta waszyngtońskie

12 lat temu

225 g / 8 uncji / 2 szklanki mąki zwykłej (uniwersalnej)

100 g / 4 uncje / ½ szklanki cukru pudru (bardzo drobnego)

10 ml / 2 łyżeczki proszku do pieczenia

2,5 ml / ½ łyżeczki soli

1 jajko, lekko ubite

250 ml / 8 uncji / 1 szklanka mleka

120 ml / 4 uncje / ½ szklanki oleju

Wymieszaj mąkę, cukier, proszek do pieczenia i sól, a na środku zrób wgłębienie. Połącz pozostałe składniki i wymieszaj z suchymi składnikami, aż dobrze się połączą. Nie mieszaj za dużo. Przelać do foremek (papierowych) lub natłuszczonych foremek (form do pieczenia) i piec w nagrzanym piekarniku w temperaturze 200°C / 400°F / gaz 6 przez 20 minut, aż dobrze wyrosną i będą elastyczne w dotyku.

babeczki jabłkowe

12 lat temu

225 g / 8 uncji / 2 szklanki mąki zwykłej (uniwersalnej)

100 g / 4 uncje / ½ szklanki cukru pudru (bardzo drobnego)

10 ml / 2 łyżeczki proszku do pieczenia

2,5 ml / ½ łyżeczki soli

1 jajko, lekko ubite

250 ml / 8 uncji / 1 szklanka mleka

120 ml / 4 uncje / ½ szklanki oleju

2 Jabłka (deserowe) obrane, wydrążone i posiekane

Wymieszaj mąkę, cukier, proszek do pieczenia i sól, a na środku zrób wgłębienie. Połącz pozostałe składniki i wymieszaj z suchymi składnikami, aż dobrze się połączą. Nie mieszaj za dużo. Przelać do foremek (papierowych) lub natłuszczonych foremek (form do pieczenia) i piec w nagrzanym piekarniku w temperaturze 200°C / 400°F / gaz 6 przez 20 minut, aż dobrze wyrosną i będą elastyczne w dotyku.

Babeczki bananowe

12 lat temu

225 g / 8 uncji / 2 szklanki mąki zwykłej (uniwersalnej)

100 g / 4 uncje / ½ szklanki cukru pudru (bardzo drobnego)

10 ml / 2 łyżeczki proszku do pieczenia

2,5 ml / ½ łyżeczki soli

1 jajko, lekko ubite

250 ml / 8 uncji / 1 szklanka mleka

120 ml / 4 uncje / ½ szklanki oleju

2 banany, puree

Wymieszaj mąkę, cukier, proszek do pieczenia i sól, a na środku zrób wgłębienie. Połącz pozostałe składniki i wymieszaj z suchymi składnikami, aż dobrze się połączą. Nie mieszaj za dużo. Przelać do foremek (papierowych) lub natłuszczonych foremek (form do pieczenia) i piec w nagrzanym piekarniku w temperaturze 200°C / 400°F / gaz 6 przez 20 minut, aż dobrze wyrosną i będą elastyczne w dotyku.

Muffinki z Czarną Porzeczką

12 lat temu

225 g / 8 uncji / 2 szklanki samorosnącej mąki (samorosnącej)

75 g / 3 uncje / 1/3 szklanki cukru pudru (drobnego)

2 białka jaj

75 g porzeczek

200 ml / 7 uncji / niecała 1 szklanka mleka

30 ml / 2 łyżki oleju

Wymieszaj mąkę i cukier. Białka lekko ubić i wymieszać z suchymi składnikami. Wymieszaj porzeczki, mleko i olej. Wlać do natłuszczonych foremek na muffiny (forminha) i piec w nagrzanym piekarniku w temperaturze 200°C / 400°F / gaz, stopień 6, przez 15-20 minut, aż uzyska złoty kolor.

Muffinki z jagodami amerykańskimi

12 lat temu

150 g / 5 uncji / 1¼ szklanki mąki zwykłej (uniwersalnej)

75 g / 3 uncje / ¾ szklanki mąki kukurydzianej

75 g / 3 uncje / 1/3 szklanki cukru pudru (drobnego)

10 ml / 2 łyżeczki proszku do pieczenia

Trochę soli

1 jajko, lekko ubite

75 g / 3 uncje / 1/3 szklanki roztopionego masła lub margaryny

250 ml / 8 uncji / 1 szklanka maślanki

100 g / 4 uncje jagód

Wymieszaj mąkę, mąkę kukurydzianą, cukier, proszek do pieczenia i sól, a na środku zrób dziurę. Dodać jajko, masło lub margarynę i maślankę i wymieszać do połączenia się składników. Dodaj borówki lub jeżyny. Przelać do foremek na muffiny (papiery) i piec w piekarniku nagrzanym do 200°C / 400°F / gaz, stopień 6, przez 20 minut, aż ciasto będzie złocistobrązowe i elastyczne w dotyku.

Muffinki Wiśniowe

12 lat temu

225 g / 8 uncji / 2 szklanki mąki zwykłej (uniwersalnej)

100 g / 4 uncje / ½ szklanki cukru pudru (bardzo drobnego)

100 g / 4 uncje / ½ szklanki glazurowanych wiśni (kandyzowanych)

10 ml / 2 łyżeczki proszku do pieczenia

2,5 ml / ½ łyżeczki soli

1 jajko, lekko ubite

250 ml / 8 uncji / 1 szklanka mleka

120 ml / 4 uncje / ½ szklanki oleju

Wymieszać mąkę, cukier, wiśnie, proszek do pieczenia i sól i zrobić wgłębienie na środku. Połącz pozostałe składniki i wymieszaj z suchymi składnikami, aż dobrze się połączą. Nie mieszaj za dużo. Przelać do foremek (papierowych) lub natłuszczonych foremek (form do pieczenia) i piec w nagrzanym piekarniku w temperaturze 200°C / 400°F / gaz 6 przez 20 minut, aż dobrze wyrosną i będą elastyczne w dotyku.

Ciasta czekoladowe

daje 10-12

175 g / 6 uncji / 1½ szklanki mąki zwykłej (uniwersalnej)

40 g / 1½ uncji / 1/3 szklanki proszku kakaowego (niesłodzonej czekolady).

100 g / 4 uncje / ½ szklanki cukru pudru (bardzo drobnego)

10 ml / 2 łyżeczki proszku do pieczenia

2,5 ml / ½ łyżeczki soli

1 duże jajko

250 ml / 8 uncji / 1 szklanka mleka

2,5 ml / ½ łyżeczki esencji waniliowej (ekstrakt)

120 ml / 4 uncje / ½ szklanki oleju słonecznikowego lub roślinnego

Wymieszaj suche składniki i zrób wgłębienie na środku. Dobrze wymieszaj jajko, mleko, esencję waniliową i olej. Szybko wymieszaj płyn z suchymi składnikami, aż wszystkie się połączą. Nie przesadzaj; mieszanina powinna być nierówna. Przelać do foremek (papierowych) lub foremek (form do pieczenia) i piec w nagrzanym piekarniku w temperaturze 200°C / 400°F/gaz marka 6 przez około 20 minut, aż dobrze wyrosną i staną się elastyczne w dotyku.

Ciasta czekoladowe

12 lat temu

175 g / 6 uncji / 1½ szklanki mąki zwykłej (uniwersalnej)

100 g / 4 uncje / ½ szklanki cukru pudru (bardzo drobnego)

45 ml / 3 łyżki proszku kakaowego (czekolady bez cukru).

100 g / 4 uncje / 1 szklanka kawałków czekolady

10 ml / 2 łyżeczki proszku do pieczenia

2,5 ml / ½ łyżeczki soli

1 jajko, lekko ubite

250 ml / 8 uncji / 1 szklanka mleka

120 ml / 4 uncje / ½ szklanki oleju

2,5 ml / ½ łyżeczki esencji waniliowej (ekstrakt)

Wymieszać mąkę, cukier, kakao, kawałki czekolady, proszek do pieczenia i sól i zrobić wgłębienie na środku. Połącz pozostałe składniki i wymieszaj z suchymi składnikami, aż dobrze się połączą. Nie mieszaj za dużo. Przelać do foremek (papierowych) lub natłuszczonych foremek (form do pieczenia) i piec w nagrzanym piekarniku w temperaturze 200°C / 400°F / gaz 6 przez 20 minut, aż dobrze wyrosną i będą elastyczne w dotyku.

muffiny cynamonowe

12 lat temu

225 g / 8 uncji / 2 szklanki mąki zwykłej (uniwersalnej)

100 g / 4 uncje / ½ szklanki cukru pudru (bardzo drobnego)

10 ml / 2 łyżeczki proszku do pieczenia

5 ml / 1 łyżeczka cynamonu w proszku

2,5 ml / ½ łyżeczki soli

1 jajko, lekko ubite

250 ml / 8 uncji / 1 szklanka mleka

120 ml / 4 uncje / ½ szklanki oleju

Wymieszać mąkę, cukier, proszek do pieczenia, cynamon i sól i zrobić wgłębienie na środku. Połącz pozostałe składniki i wymieszaj z suchymi składnikami, aż dobrze się połączą. Nie mieszaj za dużo. Przelać do foremek (papierowych) lub natłuszczonych foremek (form do pieczenia) i piec w nagrzanym piekarniku w temperaturze 200°C / 400°F / gaz 6 przez 20 minut, aż dobrze wyrosną i będą elastyczne w dotyku.

muffinki kukurydziane

12 lat temu

50 g / 2 uncje / ½ szklanki mąki zwykłej (uniwersalnej)

100 g / 4 uncje / 1 szklanka mąki kukurydzianej

5 ml / 1 łyżeczka proszku do pieczenia

1 jajko, oddzielone

1 żółtko

30 ml / 2 łyżki oleju kukurydzianego

30 ml / 2 łyżki mleka

Wymieszaj mąkę, mąkę kukurydzianą i drożdże. Żółtka, olej i mleko utrzeć z suchymi składnikami. Białka ubić na sztywną pianę, następnie dodać je do masy. Wylać do natłuszczonych foremek (papierowych) lub natłuszczonych foremek (form do pieczenia) i piec w nagrzanym piekarniku w temperaturze 200°C / 400°F/gaz marka 6 przez około 20 minut, aż uzyska złoty kolor.

Muffinki z całych fig

10 lat temu

100 g / 4 uncje / 1 szklanka mąki pełnoziarnistej (pełnoziarnistej)

5 ml / 1 łyżeczka proszku do pieczenia

50 g / 2 uncje / ½ szklanki płatków owsianych

50 g / 2 uncje / 1/3 szklanki suszonych fig, posiekanych

45 ml / 3 łyżki oleju

75 ml / 5 łyżek mleka

15 ml / 1 łyżka czarnej melasy (melasy)

1 jajko, lekko ubite

Wymieszać mąkę, proszek do pieczenia i płatki owsiane, dodać figi. Podgrzej olej, mleko i melasę, aż dobrze się wymieszają, następnie dodaj suche składniki wraz z jajkiem i mieszaj, aż uzyskasz zwarte ciasto. Łyżkami masy nakładać do natłuszczonych foremek (papierowych) lub natłuszczonych foremek (forminhas) i piec w piekarniku nagrzanym do 190°C/375°F/gaz 5 przez około 20 minut na złoty kolor.

Muffinki z owocami i otrębami

sprawia, że 8

100 g / 4 uncje / 1 szklanka płatków All Bran

50 g / 2 uncje / ½ szklanki mąki zwykłej (uniwersalnej)

2,5 ml / ½ łyżeczki proszku do pieczenia

5 ml / 1 łyżeczka sody oczyszczonej (soda oczyszczona)

5 ml / 1 łyżeczka przypraw mielonych (szarlotka)

50 g / 2 uncje / 1/3 szklanki rodzynek

100 g / 4 uncje / 1 szklanka musu jabłkowego (sos)

5 ml / 1 łyżeczka esencji waniliowej (ekstrakt)

30 ml / 2 łyżki mleka

Wymieszaj suche składniki i zrób wgłębienie na środku. Dodaj rodzynki, mus jabłkowy i esencję waniliową oraz tyle mleka, aby uzyskać gładką masę. Wlać do foremek (papierowych) lub natłuszczonych foremek (form do pieczenia) i piec w nagrzanym piekarniku w temperaturze 200°C / 400°F / gaz 6 przez 20 minut, aż dobrze wyrosną i będą złociste.

muffinki owsiane

20 lat temu

100 g / 4 uncje / 1 szklanka płatków owsianych

100 g / 4 uncje / 1 szklanka mąki owsianej

225 g / 8 uncji / 2 szklanki mąki pełnoziarnistej (pełnoziarnistej)

10 ml / 2 łyżeczki proszku do pieczenia

50 g / 2 uncje / 1/3 szklanki rodzynek (opcjonalnie)

375 ml / 13 uncji / 1½ szklanki mleka

10 ml / 2 łyżeczki oleju

2 białka jaj

Wymieszaj płatki owsiane, mąkę i proszek do pieczenia i dodaj rodzynki, jeśli ich używasz. Połącz mleko i olej. Białka ubić na sztywną pianę i wymieszać z masą. Wylewamy do natłuszczonych foremek (papierowych) lub natłuszczonych foremek (form do pieczenia) i pieczemy w piekarniku nagrzanym do 190°C / 375°F/gaz marka 5 przez około 25 minut na złoty kolor.

muffinki owsiane

10 lat temu

100 g / 4 uncje / 1 szklanka mąki pełnoziarnistej (pełnoziarnistej)

100 g / 4 uncje / 1 szklanka płatków owsianych

15 ml / 1 łyżka proszku do pieczenia

100 g / 4 uncje / 2/3 szklanki sułtanek (złotych rodzynek)

50 g / 2 uncje / ½ szklanki posiekanych mieszanych orzechów

1 jabłko do jedzenia (deserowe), obrane, wydrążone i starte

45 ml / 3 łyżki oleju

30 ml / 2 łyżki klarownego miodu

15 ml / 1 łyżka czarnej melasy (melasy)

1 jajko, lekko ubite

90 ml / 6 łyżek mleka

Wymieszaj mąkę, płatki owsiane i proszek do pieczenia. Dodaj rodzynki, orzechy włoskie i jabłko. Podgrzej olej, miód i melasę do rozpuszczenia, następnie dodaj tyle jaj i mleka, aby uzyskać gładką konsystencję. Wylać do natłuszczonych foremek (papierowych) lub natłuszczonych foremek (form do pieczenia) i piec w nagrzanym piekarniku w temperaturze 190°C / 375°F/gaz 5 przez około 25 minut na złoty kolor.

Muffinki pomarańczowe

12 lat temu

100 g / 4 uncje / 1 szklanka mąki samorosnącej (samorosnącej)

100 g / 4 uncje / ½ szklanki miękkiego brązowego cukru

1 jajko, lekko ubite

120 ml / 4 uncje / ½ szklanki soku pomarańczowego

60 ml / 4 łyżki oleju

2,5 ml / ½ łyżeczki esencji waniliowej (ekstrakt)

25 g / 1 uncja / 2 łyżki masła lub margaryny

30 ml / 2 łyżki mąki pszennej (uniwersalnej)

2,5 ml / ½ łyżeczki cynamonu w proszku

W misce wymieszaj mąkę z drożdżami i połową cukru. Wymieszaj jajko, sok pomarańczowy, olej i ekstrakt waniliowy i dodaj suche składniki, aż dobrze się wymieszają. Nie mieszaj za dużo. Wylać do foremek (papierowych) lub natłuszczonych foremek (form do pieczenia) i wstawić do nagrzanego piekarnika na 200°C/400°F/gaz 6 na 10 minut.

W międzyczasie masło lub margarynę do posypania obtoczyć w zwykłej mące, następnie wymieszać z pozostałym cukrem i cynamonem. Posyp nim babeczki i włóż je do piekarnika na kolejne 5 minut, aż będą złociste.

Brzoskwiniowe muffiny

12 lat temu

225 g / 8 uncji / 2 szklanki mąki zwykłej (uniwersalnej)

100 g / 4 uncje / ½ szklanki cukru pudru (bardzo drobnego)

10 ml / 2 łyżeczki proszku do pieczenia

2,5 ml / ½ łyżeczki soli

1 jajko, lekko ubite

175 ml / 6 uncji / ¾ szklanki mleka

120 ml / 4 uncje / ½ szklanki oleju

200 g / 7 uncji / 1 mała puszka brzoskwiń, odsączonych i posiekanych

Wymieszaj mąkę, cukier, proszek do pieczenia i sól, a na środku zrób wgłębienie. Połącz pozostałe składniki i wymieszaj z suchymi składnikami, aż dobrze się połączą. Nie mieszaj za dużo. Przelać do foremek (papierowych) lub natłuszczonych foremek (form do pieczenia) i piec w nagrzanym piekarniku w temperaturze 200°C / 400°F / gaz 6 przez 20 minut, aż dobrze wyrosną i będą elastyczne w dotyku.

Muffinki z masłem orzechowym

12 lat temu

225 g / 8 uncji / 2 szklanki mąki zwykłej (uniwersalnej)

100 g / 4 uncje / ½ szklanki miękkiego brązowego cukru

10 ml / 2 łyżeczki proszku do pieczenia

2,5 ml / ½ łyżeczki soli

1 jajko, lekko ubite

250 ml / 8 uncji / 1 szklanka mleka

120 ml / 4 uncje / ½ szklanki oleju

45 ml / 3 łyżki masła orzechowego

Wymieszaj mąkę, cukier, proszek do pieczenia i sól, a na środku zrób wgłębienie. Połącz pozostałe składniki i wymieszaj z suchymi składnikami, aż dobrze się połączą. Nie mieszaj za dużo. Przelać do foremek (papierowych) lub natłuszczonych foremek (form do pieczenia) i piec w nagrzanym piekarniku w temperaturze 200°C / 400°F / gaz 6 przez 20 minut, aż dobrze wyrosną i będą elastyczne w dotyku.

Muffinki ananasowe

12 lat temu

225 g / 8 uncji / 2 szklanki mąki zwykłej (uniwersalnej)

100 g / 4 uncje / ½ szklanki miękkiego brązowego cukru

10 ml / 2 łyżeczki proszku do pieczenia

2,5 ml / ½ łyżeczki soli

1 jajko, lekko ubite

175 ml / 6 uncji / ¾ szklanki mleka

120 ml / 4 uncje / ½ szklanki oleju

200 g / 7 uncji / 1 mała puszka ananasa, odsączonego i posiekanego

30 ml / 2 łyżki cukru demerara

Wymieszaj mąkę, brązowy cukier, proszek do pieczenia i sól, a na środku zrób wgłębienie. Połącz wszystkie pozostałe składniki oprócz cukru demerara i wymieszaj z suchymi składnikami, aż dobrze się wymieszają. Nie mieszaj za dużo. Wlać do foremek na muffiny (papiery) lub natłuszczonych foremek na muffinki (patelnie) i posypać cukrem demerara. Piec w piekarniku nagrzanym do 200°C/400°F/stopień gazu 6 przez 20 minut, aż dobrze wyrośnie i będzie sprężyste w dotyku.

muffinki malinowe

12 lat temu

225 g / 8 uncji / 2 szklanki mąki zwykłej (uniwersalnej)

100 g / 4 uncje / ½ szklanki cukru pudru (bardzo drobnego)

10 ml / 2 łyżeczki proszku do pieczenia

2,5 ml / ½ łyżeczki soli

Maliny 200 g

1 jajko, lekko ubite

250 ml / 8 uncji / 1 szklanka mleka

120 ml / 4 uncje / ½ szklanki oleju roślinnego

Wymieszaj mąkę, cukier, drożdże i sól. Zbierz maliny i zrób w środku dziurę. Jajko, mleko i olej mieszamy i wlewamy do suchych składników. Delikatnie mieszaj, aż wszystkie suche składniki zostaną wymieszane, ale mieszanina nadal będzie grudkowata. Nie uderzaj zbyt mocno. Wlać mieszaninę do natłuszczonych foremek (papierowych) lub natłuszczonych foremek (form do pieczenia) i piec w nagrzanym piekarniku w temperaturze 200 °C / 400 °F / gaz 6 przez 20 minut, aż dobrze wyrośnie i będzie elastyczne w dotyku.

Muffinki malinowe i cytrynowe

12 lat temu

175 g / 6 uncji / 1½ szklanki mąki zwykłej (uniwersalnej)

50 g / 2 uncje / ¼ szklanki granulowanego cukru

50 g / 2 uncje / ¼ szklanki miękkiego brązowego cukru

10 ml / 2 łyżeczki proszku do pieczenia

5 ml / 1 łyżeczka cynamonu w proszku

Trochę soli

1 jajko, lekko ubite

100 g / 4 uncje / ½ szklanki roztopionego masła lub margaryny

120 ml / 4 uncje / ½ szklanki mleka

100 g świeżych malin

10 ml / 2 łyżeczki startej skórki z cytryny

Na dach:
75 g / 3 uncje / ½ szklanki cukru pudru (cukierniczego), przesianego

15 ml / 1 łyżka soku z cytryny

W misce wymieszaj mąkę, cukier granulowany, cukier brązowy, proszek do pieczenia, cynamon i sól, a na środku zrób dołek. Dodać jajko, masło lub margarynę oraz mleko i ubijać do połączenia składników. Wymieszaj maliny i skórkę z cytryny. Przelać do natłuszczonych foremek (papierowych) lub natłuszczonych foremek (form do pieczenia) i piec w nagrzanym piekarniku w temperaturze 180°C / 350°F / gaz 4 przez 20 minut, aż ciasto będzie złociste i elastyczne w dotyku. Wymieszaj cukier puder z sokiem z cytryny i posmaruj gorące muffinki.

muffinki sułtańskie

12 lat temu

225 g / 8 uncji / 2 szklanki mąki zwykłej (uniwersalnej)

100 g / 4 uncje / ½ szklanki cukru pudru (bardzo drobnego)

100 g / 4 uncje / 2/3 szklanki sułtanek (złotych rodzynek)

10 ml / 2 łyżeczki proszku do pieczenia

5 ml / 1 łyżeczka przypraw mielonych (szarlotka)

2,5 ml / ½ łyżeczki soli

1 jajko, lekko ubite

250 ml / 8 uncji / 1 szklanka mleka

120 ml / 4 uncje / ½ szklanki oleju

Wymieszaj mąkę, cukier, rodzynki, proszek do pieczenia, mieszankę przypraw i sól, a na środku zrób wgłębienie. Pozostałe składniki zmiksuj na gładką masę. Przelać do foremek (papierowych) lub natłuszczonych foremek (form do pieczenia) i piec w nagrzanym piekarniku w temperaturze 200°C / 400°F / gaz 6 przez 20 minut, aż dobrze wyrosną i będą elastyczne w dotyku.

Muffinki z melasą

12 lat temu

225 g / 8 uncji / 2 szklanki mąki zwykłej (uniwersalnej)

100 g / 4 uncje / ½ szklanki miękkiego brązowego cukru

10 ml / 2 łyżeczki proszku do pieczenia

2,5 ml / ½ łyżeczki soli

1 jajko, lekko ubite

175 ml / 6 uncji / ¾ szklanki mleka

60 ml / 4 łyżki czarnej melasy (melasy)

120 ml / 4 uncje / ½ szklanki oleju

Wymieszaj mąkę, cukier, proszek do pieczenia i sól, a na środku zrób wgłębienie. Pozostałe składniki zmiksuj na gładką masę. Nie mieszaj za dużo. Przelać do foremek (papierowych) lub natłuszczonych foremek (form do pieczenia) i piec w nagrzanym piekarniku w temperaturze 200°C / 400°F / gaz 6 przez 20 minut, aż dobrze wyrosną i będą elastyczne w dotyku.

Muffinki z melasą i płatkami owsianymi

10 lat temu

100 g / 4 uncje / 1 szklanka mąki zwykłej (uniwersalnej)

175 g / 6 uncji / 1½ szklanki płatków owsianych

100 g / 4 uncje / ½ szklanki miękkiego brązowego cukru

15 ml / 1 łyżka proszku do pieczenia

5 ml / 1 łyżeczka cynamonu w proszku

2,5 ml / ½ łyżeczki soli

1 jajko, lekko ubite

120 ml / 4 uncje / ½ szklanki mleka

60 ml / 4 łyżki czarnej melasy (melasy)

75 ml / 5 łyżek oleju

Wymieszać mąkę, płatki owsiane, cukier, proszek do pieczenia, cynamon i sól i zrobić wgłębienie na środku. Połącz pozostałe składniki i wymieszaj z suchymi składnikami, aż masa będzie bardzo gładka. Nie mieszaj za dużo. Wlać do foremek (papierowych) lub natłuszczonych foremek (form do pieczenia) i piec w nagrzanym piekarniku w temperaturze 200°C / 400°F / gaz 6 przez 15 minut, aż dobrze wyrośnie i będzie elastyczne w dotyku.

tosty owsiane

sprawia, że 8

225 g / 8 uncji / 2 szklanki płatków owsianych

100 g / 4 uncje / 1 szklanka mąki pełnoziarnistej (pełnoziarnistej)

5 ml / 1 łyżeczka soli

5 ml / 1 łyżeczka proszku do pieczenia

50 g / 2 uncje / ¼ szklanki smalcu (skrobiowego)

30 ml / 2 łyżki zimnej wody

Suche składniki wymieszać i wcierać w smalec, aż mieszanina będzie przypominała bułkę tartą. Dodajemy taką ilość wody, aby powstało zwarte ciasto. Rozwałkować na lekko posypanej mąką powierzchni, tworząc okrąg o średnicy 18 cm/7 cm i pokroić na osiem klinów. Ułożyć na natłuszczonej blasze do pieczenia i piec w nagrzanym piekarniku w temperaturze 180°C/350°F/gaz 4 przez 25 minut. Podawać z masłem, dżemem lub marmoladą.

Omlety Biszkoptowe Truskawkowe

18 lat temu

5 żółtek

75 g / 3 uncje / 1/3 szklanki cukru pudru (drobnego)

Trochę soli

Skórka otarta z ½ cytryny

4 białka jaj

40 g / 1½ uncji / 1/3 szklanki skrobi kukurydzianej (skrobi kukurydzianej)

40 g / 1½ uncji / 1/3 szklanki mąki zwykłej (uniwersalnej)

40 g / 1½ uncji / 3 łyżki roztopionego masła lub margaryny

300 ml / ½ pt / 1¼ szklanki bitej śmietany

Truskawki 225g

Cukier puder, przesiany, do posypania

Żółtka ubić z 25 g cukru pudru na jasną i gęstą masę, następnie dodać sól i skórkę cytrynową. Białka ubijamy na sztywną pianę, następnie dodajemy pozostały cukier puder i dalej ubijamy, aż masa będzie sztywna i błyszcząca. Dodajemy żółtka, następnie mąkę kukurydzianą i mąkę. Dodać roztopione masło lub margarynę. Przełożyć mieszaninę do rękawa cukierniczego wyposażonego w gładką końcówkę 1/2 cm i wyciskać koła o średnicy 15 cm/6 cm na natłuszczoną i wyłożoną papierem blachę (ciastko). Piec w piekarniku nagrzanym do 220°C/425°F/stopień gazu 7 przez 10 minut, aż ciasto się zarumieni, ale nie zarumieni. Ostudzić.

Ubij śmietanę, aż będzie sztywna. Rozsmaruj cienką warstwę na połowie każdego koła, ułóż truskawki na wierzchu i wykończ kremem. Złóż górną połowę omletów na wierzch. Posypać cukrem pudrem i podawać.

Ciasta Miętowe

12 lat temu

100 g / 4 uncje / ½ szklanki miękkiego masła lub margaryny

100 g / 4 uncje / ½ szklanki cukru pudru (bardzo drobnego)

2 jajka, lekko ubite

75 g / 3 uncje / ¾ szklanki mąki samorosnącej (samorosnącej)

10 ml / 2 łyżeczki kakao (niesłodzonej czekolady) w proszku

Trochę soli

225 g / 8 uncji / 11/3 szklanki cukru pudru (cukierniczego), przesianego

30 ml / 2 łyżki wody

Kilka kropli zielonego barwnika spożywczego

Kilka kropli esencji miętowej (ekstrakt)

Czekoladowa mięta przekrojona na pół do dekoracji

Masło lub margarynę ubić z cukrem na jasną i puszystą masę, następnie stopniowo dodawać jajka. Połącz mąkę, kakao i sól. Wlać do natłuszczonych form do pieczenia (form do pieczenia) i piec w nagrzanym piekarniku w temperaturze 200°C / 400°F / gaz, stopień 6, przez 10 minut, aż ciasto będzie sprężyste w dotyku. Ostudzić.

Cukier puder przesiej do miski i wymieszaj z 15 ml / 1 łyżką wody, następnie dodaj barwnik spożywczy i esencję miętową do smaku. W razie potrzeby dodać więcej wody, aby uzyskać konsystencję pokrywającą grzbiet łyżki. Polewą polewę posmaruj ciasta i udekoruj cukierkami czekoladowymi.

Ciasta Rodzynkowe

12 lat temu

175 g / 6 uncji / 1 szklanka rodzynek

250 ml / 8 uncji / 1 szklanka wody

5 ml / 1 łyżeczka sody oczyszczonej (soda oczyszczona)

100 g / 4 uncje / ½ szklanki miękkiego masła lub margaryny

100 g / 4 uncje / ½ szklanki miękkiego brązowego cukru

1 ubite jajko

5 ml / 1 łyżeczka esencji waniliowej (ekstrakt)

200 g / 7 uncji / 1 ¾ szklanki mąki zwykłej (uniwersalnej)

5 ml / 1 łyżeczka proszku do pieczenia

Trochę soli

Zagotuj rodzynki, wodę i sodę oczyszczoną w rondlu i gotuj na małym ogniu przez 3 minuty. Pozostawić do ostygnięcia, aż będzie letnie. Masło lub margarynę utrzeć z cukrem na jasną i puszystą masę. Stopniowo dodawaj jajko i esencję waniliową. Wymieszać z masą rodzynkową, następnie dodać mąkę, proszek do pieczenia i sól. Wlać mieszaninę do foremek na muffiny (papiery) lub natłuszczonych foremek na muffiny (formy) i piec w nagrzanym piekarniku w temperaturze 180°C / 350°F / gaz 4 przez 12–15 minut, aż dobrze wyrosną i złocistobrązowe.

Loki z rodzynkami

24 lata temu

225 g / 8 uncji / 2 szklanki mąki zwykłej (uniwersalnej)

Szczypta mielonych przypraw (szarlotka)

5 ml / 1 łyżeczka sody oczyszczonej (soda oczyszczona)

225 g / 8 uncji / 1 szklanka cukru pudru (bardzo drobnego)

45ml / 3 łyżki zmielonych migdałów

225 g / 8 uncji / 1 szklanka roztopionego masła lub margaryny

45 ml / 3 łyżki rodzynek

1 jajko, lekko ubite

Wymieszaj suche składniki, dodaj roztopione masło lub margarynę, a następnie rodzynki i jajko. Dobrze wymieszaj, aż utworzy się sztywna pasta. Rozwałkować na lekko posypanej mąką powierzchni na grubość około 5 mm i pokroić w paski o wymiarach 5 mm x 20 cm. Lekko zwilż górną powierzchnię niewielką ilością wody, a następnie zwiń każdy krótki pasek końcowy. Ułożyć na natłuszczonej (biszkoptowej) blasze do pieczenia i piec w nagrzanym piekarniku w temperaturze 200°C/400°F/gaz 6 przez 15 minut, aż uzyska złoty kolor.

bułeczki malinowe

Na 12 bochenków

225 g / 8 uncji / 2 szklanki mąki zwykłej (uniwersalnej)

7,5 ml / ½ łyżki proszku do pieczenia

2,5 ml / ½ łyżeczki mielonych przypraw (szarlotka)

Trochę soli

75 g / 3 uncje / 1/3 szklanki masła lub margaryny

75 g / 3 uncje / 1/3 szklanki cukru pudru (bardzo drobnego) plus dodatkowy cukier do posypania

1 jajko

60 ml / 4 łyżki mleka

60 ml / 4 łyżki dżemu malinowego (konfitura)

Wymieszaj mąkę, proszek do pieczenia, przyprawy i sól i zanurzaj w maśle lub margarynie, aż mieszanina będzie przypominać bułkę tartą. Dodaj cukier. Dodajemy jajko i tyle mleka, aby powstało sztywne ciasto. Podzielić na 12 kulek i ułożyć na natłuszczonej blaszce. W środku każdego zrób dziurkę palcem i włóż konfiturę malinową. Posmarować mlekiem i posypać cukrem pudrem. Piec w piekarniku nagrzanym do 220°C/425°F/stopień gazu 7 przez 10-15 minut, aż uzyska złoty kolor. W razie potrzeby dodaj odrobinę więcej dżemu.

Ciasta z brązowego ryżu i słonecznika

12 lat temu

75 g / 3 uncje / ¾ szklanki ugotowanego brązowego ryżu

50 g / 2 uncje / ½ szklanki nasion słonecznika

25 g / 1 uncja / ¼ szklanki nasion sezamu

40 g / 1½ uncji / ¼ szklanki rodzynek

40 g glazurowanych wiśni (kandowanych), podzielonych na ćwiartki

25 g / 1 uncja / 2 łyżki miękkiego brązowego cukru

15 ml / 1 łyżka miodu klarownego

75 g / 3 uncje / 1/3 szklanki masła lub margaryny

5 ml / 1 łyżeczka soku z cytryny

Wymieszaj ryż, nasiona i owoce. Rozpuść cukier, miód, masło lub margarynę i sok z cytryny i dodaj do mieszanki ryżowej. Przelać do 12 foremek (papierów do babeczek) i piec w piekarniku nagrzanym do 200°C/400°F/gaz 6 przez 15 minut.

ciasteczka skalne

12 lat temu

225 g / 8 uncji / 2 szklanki mąki zwykłej (uniwersalnej)

Trochę soli

10 ml / 2 łyżeczki proszku do pieczenia

50 g / 2 uncje / ¼ szklanki masła lub margaryny

50 g / 2 uncje / ¼ szklanki smalcu (skrobiowego)

100 g / 4 uncje / 2/3 szklanki mieszanych suszonych owoców (mieszanka ciast owocowych)

100 g / 4 uncje / ½ szklanki cukru demerara

Skórka otarta z ½ cytryny

1 jajko

15-30 ml / 1-2 łyżki mleka

Wymieszaj mąkę, sól i proszek do pieczenia, następnie wcieraj masło lub margarynę i smalec, aż mieszanina będzie przypominać bułkę tartą. Dodać owoce, cukier i skórkę z cytryny. Jajko ubić z 15 ml / 1 łyżką mleka, dodać do suchych składników i wymieszać do uzyskania sztywnego ciasta, w razie potrzeby dodając więcej mleka. Ułóż małe porcje mieszanki na natłuszczonej blasze do pieczenia (biszkoptowej) i piecz w nagrzanym piekarniku w temperaturze 200°C / 400°F / gaz, stopień 6, przez 15-20 minut, aż uzyska złoty kolor.

Ciasta Rockowe bez Cukru

12 lat temu

75 g / 3 uncje / 1/3 szklanki masła lub margaryny

175 g / 6 uncji / 1¼ szklanki mąki pełnoziarnistej (pełnoziarnistej)

50 g / 2 uncje / ½ szklanki mąki owsianej

10 ml / 2 łyżeczki proszku do pieczenia

5 ml / 1 łyżeczka cynamonu w proszku

100 g / 4 uncje / 2/3 szklanki sułtanek (złotych rodzynek)

Skórka otarta z 1 cytryny

1 jajko, lekko ubite

90 ml / 6 łyżek mleka

Masło lub margarynę wcieramy z mąką, proszkiem do pieczenia i cynamonem, aż masa będzie przypominać bułkę tartą. Wymieszaj rodzynki i skórkę cytrynową. Dodaj jajko i tyle mleka, aby uzyskać gładką masę. Umieścić łyżki na natłuszczonej blasze do pieczenia (biszkoptowej) i piec w nagrzanym piekarniku w temperaturze 200°C / 400°F / gaz, stopień 6, przez 15-20 minut, aż uzyska złoty kolor.

ciasta szafranowe

12 lat temu

Szczypta mielonego szafranu

75 ml / 5 łyżek wrzącej wody

75 ml / 5 łyżek zimnej wody

100 g / 4 uncje / ½ szklanki miękkiego masła lub margaryny

225 g / 8 uncji / 1 szklanka cukru pudru (bardzo drobnego)

2 jajka, lekko ubite

225 g / 8 uncji / 2 szklanki mąki zwykłej (uniwersalnej)

10 ml / 2 łyżeczki proszku do pieczenia

2,5 ml / ½ łyżeczki soli

175 g / 6 uncji / 1 szklanka sułtanek (złotych rodzynek)

175 g / 6 uncji / 1 szklanka posiekanej mieszanej skórki (kandyzowanej)

Szafran namoczyć we wrzącej wodzie przez 30 minut, a następnie zalać zimną wodą. Masło lub margarynę ubić z cukrem na jasną i puszystą masę, następnie stopniowo dodawać jajka. Wymieszaj mąkę z proszkiem do pieczenia i solą, następnie dodaj 50 g / 2 uncje / ½ szklanki mąki z rodzynkami i mieszanymi skórkami. Mąkę dodawać do masy śmietanowej na przemian z wodą szafranową, następnie dodać owoce. Wylewamy do foremek (papierowych) lub wysmarowanych tłuszczem i posypanych mąką foremek (forminhas) i pieczemy w piekarniku nagrzanym do 190°C / 375°F/gaz marka 5 przez około 15 minut, aż masa stanie się elastyczna w dotyku.

Baba Rumowa

sprawia, że 8

100 g / 4 uncje / 1 szklanka zwykłej, mocnej mąki (chleb)

5 ml / 1 łyżeczka suchych drożdży Easy Mix

Trochę soli

45 ml / 3 łyżki ciepłego mleka

2 jajka, lekko ubite

50 g / 2 uncje / ¼ szklanki roztopionego masła lub margaryny

25 g / 1 uncja / 3 łyżki porzeczek

Na syrop:

250 ml / 8 uncji / 1 szklanka wody

75 g / 3 uncje / 1/3 szklanki granulowanego cukru

20 ml / 4 łyżeczki soku z cytryny

60 ml / 4 łyżki rumu

Do glazury i dekoracji:

60 ml / 4 łyżki dżemu morelowego (konfitury), przesianego (przecedzonego)

15 ml / 1 łyżka wody

150 ml / ¼ pt / 2/3 szklanki bitej śmietany lub śmietany podwójnej (ciężkiej)

4 glazurowane (kandyzowane) wiśnie, przekrojone na połówki

Kilka pasków arcydzięgla pokrojonych w trójkąty

W misce wymieszaj mąkę, proszek do pieczenia i sól, a na środku zrób dołek. Mleko, jajka i masło lub margarynę mieszamy z mąką i wyrabiamy jednolite ciasto. Zbierz porzeczki. Rozłóż ciasto do ośmiu natłuszczonych i posypanych mąką oddzielnych foremek (form rurowych), tak aby uniosła się tylko jedna trzecia foremek. Przykryj naoliwioną folią spożywczą i odstaw w ciepłe miejsce na 30 minut, aż ciasto wyrośnie na wierzch foremek. Piec w piekarniku nagrzanym do 200°C/400°F/stopień gazu 6 przez 15 minut, aż uzyska złoty kolor. Odwróć foremki do góry dnem i pozostaw do ostygnięcia na 10 minut, następnie wyjmij ciastka z foremek i połóż je na dużym płaskim talerzu. Nakłuj wszystko widelcem.

Aby przygotować syrop, podgrzej wodę, cukier i sok z cytryny na małym ogniu, mieszając, aż cukier się rozpuści. Zwiększ ogień i doprowadź do wrzenia. Zdjąć z ognia i dodać rum. Gorącym syropem posmaruj ciasta i odstaw na 40 minut.

Podgrzej dżem z wodą na małym ogniu, aż składniki dobrze się połączą. Posmaruj nianie i ułóż je na talerzu. Ubić śmietanę i umieścić ją na środku każdego ciasta. Udekorować wiśniami i dzięgielem.

biszkopty

24 lata temu

5 żółtek

75 g / 3 uncje / 1/3 szklanki cukru pudru (drobnego)

7 białek jaj

75 g / 3 uncje / ¾ szklanki mąki kukurydzianej (skrobi kukurydzianej)

50 g / 2 uncje / ½ szklanki mąki zwykłej (uniwersalnej)

Żółtka ubić z 15 ml / 1 łyżką cukru na jasną i gęstą masę. Białka ubić na sztywną pianę, następnie dodać pozostały cukier, aż masa będzie gęsta i błyszcząca. Metalową łyżką wymieszaj mąkę kukurydzianą. Metalową łyżką dodaj połowę żółtek do białek i dodaj pozostałe żółtka. Bardzo delikatnie wmieszać mąkę. Przenieś mieszaninę do rękawa cukierniczego wyposażonego w zwykłą dyszę 2,5 cm / 1 (końcówka) i wyciskaj okrągłe placki, dobrze oddzielone, na natłuszczoną i wyłożoną papierem blachę do pieczenia (biszkopt). Piec w piekarniku nagrzanym do 200°C/400°F/gaz 6 przez 5 minut, następnie zmniejszyć temperaturę piekarnika do 180°C/350°F/gaz 4 na kolejne 10 minut, aż ciasto będzie złote i elastyczne w dotyku.

Czekoladowe Ciasta Biszkoptowe

12 lat temu

5 żółtek

75 g / 3 uncje / 1/3 szklanki cukru pudru (drobnego)

7 białek jaj

75 g / 3 uncje / ¾ szklanki mąki kukurydzianej (skrobi kukurydzianej)

50 g / 2 uncje / ½ szklanki mąki zwykłej (uniwersalnej)

60 ml / 4 łyżki dżemu morelowego (konfitury), przesianego (przecedzonego)

30 ml / 2 łyżki wody

1 ilość gotowanej polewy czekoladowej

150 ml / ¼ pkt / 2/3 szklanki gęstej śmietanki

Żółtka ubić z 15 ml / 1 łyżką cukru na jasną i gęstą masę. Białka ubić na sztywną pianę, następnie dodać pozostały cukier, aż masa będzie gęsta i błyszcząca. Metalową łyżką wymieszaj mąkę kukurydzianą. Metalową łyżką dodaj połowę żółtek do białek i dodaj pozostałe żółtka. Bardzo delikatnie wmieszać mąkę. Przenieś mieszaninę do rękawa cukierniczego wyposażonego w zwykłą dyszę 2,5 cm / 1 (końcówka) i wyciskaj okrągłe placki, dobrze oddzielone, na natłuszczoną i wyłożoną papierem blachę do pieczenia (biszkopt). Piec w piekarniku nagrzanym do 200°C/400°F/marka gazowa 6 przez 5 minut, następnie zmniejszyć temperaturę piekarnika do 180°C/350°F/marka gazowa 4 na kolejne 10 minut, aż ciasto będzie złotobrązowe i elastyczne w dotyku. Przełożyć na metalową kratkę.

Zagotuj dżem z wodą, aż będzie gęsty i dobrze wymieszany, a następnie posmaruj nim wierzch ciastek. Ostudzić. Biszkopty maczamy w polewie czekoladowej i studzimy. Ubijamy śmietanę na sztywną pianę, następnie przekładamy ciasto kremem.

letnie kule śnieżne

24 lata temu

100 g / 4 uncje / ½ szklanki miękkiego masła lub margaryny

100 g / 4 uncje / ½ szklanki cukru pudru (bardzo drobnego)

5 ml / 1 łyżeczka esencji waniliowej (ekstrakt)

2 jajka, lekko ubite

225 g / 8 uncji / 2 szklanki samorosnącej mąki (samorosnącej)

120 ml / 4 uncje / ½ szklanki mleka

120 ml / 4 uncje / ½ szklanki śmietanki podwójnej (ciężkiej)

25 g / 1 uncja / 3 łyżki cukru pudru (cukierniczego), przesianego

60 ml / 4 łyżki dżemu morelowego (konfitury), przesianego (przecedzonego)

30 ml / 2 łyżki wody

150 g / 5 uncji / 1¼ szklanki suszonego kokosa (tartego)

Masło lub margarynę utrzeć z cukrem na jasną i puszystą masę. Stopniowo ubijaj ekstrakt waniliowy i jajka, następnie dodawaj mąkę na zmianę z mlekiem. Wlać mieszaninę do natłuszczonych foremek na muffiny i piec w nagrzanym piekarniku w temperaturze 180°C / 350°F / gaz, stopień 4, przez 15 minut, aż dobrze wyrośnie i będzie elastyczne w dotyku. Przenieść na kratkę do ostygnięcia. Odetnij górę muffinek.

Śmietanę i cukier puder ubić na sztywną pianę, nałożyć odrobinę na każdą bułkę i przykryć pokrywką. Dżem podgrzać z wodą na gładką masę, posmarować muffinki i posypać obficie wiórkami kokosowymi.

Krople Gąbki

12 lat temu

3 ubite jajka

100 g / 4 uncje / ½ szklanki cukru pudru (bardzo drobnego)

2,5 ml / ½ łyżeczki esencji waniliowej (ekstrakt)

100 g / 4 uncje / 1 szklanka mąki zwykłej (uniwersalnej)

5 ml / 1 łyżeczka proszku do pieczenia

100 g / 4 uncje / 1/3 szklanki dżemu malinowego (konfitura)

150 ml / ¼ pt / 2/3 szklanki śmietanki śmietankowej (ciężkiej), ubitej

Cukier puder, przesiany, do posypania

Jajka, rafinowany cukier i esencję waniliową umieść w żaroodpornej misce ustawionej nad garnkiem z wrzącą wodą i ubijaj, aż masa zgęstnieje. Zdejmij miskę z patelni, dodaj mąkę i drożdże. Nałóż małe łyżki mieszanki na natłuszczoną blachę do pieczenia (ciastko) i piecz w nagrzanym piekarniku w temperaturze 190°C/375°F/gaz 5 przez 10 minut, aż uzyska złoty kolor. Przełożyć na metalową kratkę i ostudzić. Krople ułożyć na kanapce z dżemem i kwaśną śmietaną, posypać cukrem pudrem i podawać.

Podstawowe Bezy

daje 6–8

2 białka jaj

100 g / 4 uncje / ½ szklanki cukru pudru (bardzo drobnego)

Białka ubić w czystej, wolnej od tłuszczu misce, aż utworzą się miękkie szczyty. Dodaj połowę cukru i kontynuuj ubijanie, aż masa osiągnie sztywną pianę. Metalową łyżką wymieszaj pozostały cukier. Blachę do pieczenia (biszkopt) wyłóż pergaminem i ułóż na niej 6–8 kopców bezy. Suszyć bezy w piekarniku na najniższym możliwym poziomie przez 2–3 godziny. Studzimy na metalowej kratce.

bezy migdałowe

12 lat temu

2 białka jaj

100 g / 4 uncje / ½ granulowanego cukru (bardzo drobnego)

100 g / 4 uncje / 1 szklanka mielonych migdałów

Kilka kropli esencji migdałowej (ekstrakt)

12 połówek migdałów do dekoracji

Białka ubić na sztywną pianę. Dodaj połowę cukru i kontynuuj ubijanie, aż masa utworzy sztywną pianę. Dodać pozostały cukier, zmielone migdały i esencję migdałową. Rozłóż mieszaninę na 12 krążków na natłuszczonej i wyłożonej papierem blasze do pieczenia (biszkopt), a na każdym ułóż połówkę migdała. Piec w piekarniku nagrzanym do 130°C / 250°F / regulator gazu ½ przez 2–3 godziny, aż będą chrupiące.

Ciasteczka na bezie hiszpańskiej z migdałami

16 lat temu

225 g / 8 uncji / 1 szklanka granulowanego cukru

225 g / 8 uncji / 2 szklanki mielonych migdałów

1 białko jaja

100 g / 4 uncje / 1 szklanka całych migdałów

Cukier, mielone migdały i białko ubić na gładką masę. Uformuj kulę i spłaszcz ciasto wałkiem. Pokrój w małe plasterki i ułóż na natłuszczonej blasze do pieczenia. Wciśnij cały migdał w środek każdego ciasteczka (herbatnika). Piec w piekarniku nagrzanym do 160°C/325°F/gaz, stopień 3, przez 15 minut.

śliczne koszyczki bezowe

sprawia, że 6

4 białka jaj

225–250 g / 8–9 uncji / 11 / 3–1½ szklanki cukru pudru, przesianego

Kilka kropli esencji waniliowej (ekstrakt)

Białka ubić w czystej, odtłuszczonej, żaroodpornej misce na pianę, następnie dodać cukier puder i esencję waniliową. Miskę postaw na garnku z delikatnie gotującą się wodą i ubijaj, aż beza zachowa swój kształt i po zdjęciu trzepaczki pozostawi grubą warstwę. Blaszkę (biszkoptową) wyłóż pergaminem i narysuj na papierze sześć kółek o średnicy 7,5 cm / 3. Używając połowy masy bezowej, w każdym kółku umieść warstwę bezy. Resztę ciasta włożyć do rękawa cukierniczego i wycisnąć dwie warstwy bezy wokół krawędzi każdego spodu. Suszyć w piekarniku nagrzanym do 150°C/300°F/gaz, stopień 2, przez około 45 minut.

Smażone Ziemniaki Migdałowe

10 lat temu

2 białka jaj

100 g / 4 uncje / ½ szklanki cukru pudru (bardzo drobnego)

75 g / 3 uncje / ¾ szklanki mielonych migdałów

25 g / 1 uncja / 2 łyżki miękkiego masła lub margaryny

50 g / 2 uncje / 1/3 szklanki przesianego cukru pudru

10 ml / 2 łyżeczki kakao (niesłodzonej czekolady) w proszku

50 g / 2 uncje / ½ szklanki zwykłej (półsłodkiej) czekolady, roztopionej

Białka ubijaj, aż utworzą sztywną pianę. Po trochu dodawaj cukier puder. Dodaj zmielone migdały. Używając rurki (końcówki) o długości 1 cm / ½, wyciśnij mieszaninę kawałkami o długości 5 cm / 2 cali do lekko naoliwionej formy do pieczenia (biszkoptów). Piec w piekarniku nagrzanym do 140°C / 275°F / stopień gazu 1 przez 1–1,5 godziny. Ostudzić.

Masło lub margarynę utrzeć z cukrem pudrem i kakao. Ułóż pary ciasteczek (ciasteczek) razem z nadzieniem. Rozpuść czekoladę w żaroodpornej misce ustawionej nad garnkiem z wrzącą wodą. Brzegi bezy zanurzamy w czekoladzie i studzimy na metalowej kratce.

Bezy Hiszpańskie Migdałowo-Cytrynowe

30 lat temu

150 g / 5 uncji / 1¼ szklanki blanszowanych migdałów

2 białka jaj

Skórka otarta z ½ cytryny

200 g / 7 uncji / niecała 1 szklanka cukru pudru (drobnego)

10 ml / 2 łyżeczki soku z cytryny

Piec migdały w piekarniku nagrzanym do 150°C/300°F/stopień gazu 2 przez około 30 minut, aż będą złocistobrązowe i aromatyczne. Grubo posiekaj jedną trzecią orzechów, a resztę drobno zmiel.

Białka ubić na sztywną pianę. Dodaj skórkę z cytryny i dwie trzecie cukru. Dodaj sok z cytryny i ubijaj, aż masa będzie sztywna i błyszcząca. Dodać pozostały cukier i zmielone migdały. Dodaj posiekane migdały. Na natłuszczoną blachę wyłożoną folią aluminiową układać łyżką bezę i wstawiać do nagrzanego piekarnika. Natychmiast zmniejsz temperaturę piekarnika do 110°C / 225°F / ¼ gazu i piecz przez około 1,5 godziny, aż ciasto będzie suche.

Bezy Z Polewą Czekoladową

sprawia, że 4

2 białka jaj

100 g / 4 uncje / ½ szklanki cukru pudru (bardzo drobnego)

100 g / 4 uncje / 1 szklanka zwykłej czekolady (półsłodkiej)

150 ml / ¼ pt / 2/3 szklanki śmietanki śmietankowej (ciężkiej), ubitej

Białka ubić w czystej, wolnej od tłuszczu misce, aż utworzą się miękkie szczyty. Dodaj połowę cukru i kontynuuj ubijanie, aż masa osiągnie sztywną pianę. Metalową łyżką wymieszaj pozostały cukier. Blaszkę do pieczenia (biszkopt) wyłóż pergaminem i ułóż na niej osiem kopców bezy. Suszyć bezy w piekarniku na najniższym możliwym poziomie przez 2–3 godziny. Studzimy na metalowej kratce.

Rozpuść czekoladę w żaroodpornej misce ustawionej nad garnkiem z wrzącą wodą. Pozwól mu trochę ostygnąć. Ostrożnie zanurzaj cztery bezy w czekoladzie, tak aby zakryła wierzch. Pozostawiamy na papierze pergaminowym (woskowanym), aż stwardnieje. Połóż bezę w czekoladzie i zwykłą bezę razem ze śmietaną i powtórz czynność z pozostałymi bezami.

Bezy Czekoladowe Miętowe

18 lat temu

3 białka jaj

100 g / 4 uncje / ½ szklanki cukru pudru (bardzo drobnego)

75 g / 3 uncje / ¾ szklanki posiekanych cukierków w czekoladzie

Białka ubić na sztywną pianę. Stopniowo dodawaj cukier, aż białka będą sztywne i błyszczące. Dodaj posiekane kulki. Nakładać małymi łyżeczkami mieszanki na natłuszczoną i wyłożoną papierem blachę do pieczenia (ciastko) i piec w nagrzanym piekarniku w temperaturze 140°C / 275°F/gaz 1 przez 1,5 godziny, aż do wyschnięcia.

Chipsy czekoladowe i bezy orzechowe

12 lat temu

2 białka jaj

175 g / 6 uncji / ¾ szklanki cukru pudru (drobnego)

50 g / 2 uncje / ½ szklanki kawałków czekolady

25 g / 1 uncja / ¼ szklanki orzechów włoskich, drobno posiekanych

Rozgrzej piekarnik do 190°C / 375°F / gaz 5. Ubijaj białka, aż utworzą się miękkie szczyty. Stopniowo dodawaj cukier i ubijaj, aż powstanie sztywna piana. Dodaj kawałki czekolady i orzechy. Nałóż łyżką masę na natłuszczoną blachę do pieczenia i włóż do piekarnika. Wyłącz piekarnik i pozwól mu ostygnąć.

bezy orzechowe

12 lat temu

100 g / 4 uncje / 1 szklanka orzechów laskowych

2 białka jaj

100 g / 4 uncje / ½ szklanki cukru pudru (bardzo drobnego)

Kilka kropli esencji waniliowej (ekstrakt)

Zarezerwuj 12 orzechów włoskich do dekoracji, a resztę zmiażdż. Białka ubić na sztywną pianę. Dodaj połowę cukru i kontynuuj ubijanie, aż masa utworzy sztywną pianę. Dodać pozostały cukier, zmielone orzechy laskowe i esencję waniliową. Wlać mieszaninę do 12 krążków na natłuszczonej, wyłożonej papierem blasze i położyć na każdym orzech włoski. Piec w piekarniku nagrzanym do 130°C / 250°F / regulator gazu ½ przez 2–3 godziny, aż będą chrupiące.

Ciasto Bezowe Z Orzechami

Na ciasto o średnicy 23 cm / 9

Na ciasto:

50 g / 2 uncje / ¼ szklanki miękkiego masła lub margaryny

150 g / 5 uncji / 2/3 szklanki cukru pudru (bardzo drobnego)

4 oddzielne jajka

100 g / 4 uncje / 1 szklanka mąki zwykłej (uniwersalnej)

10 ml / 2 łyżeczki proszku do pieczenia

Trochę soli

60 ml / 4 łyżki mleka

5 ml / 1 łyżeczka esencji waniliowej (ekstrakt)

50 g / 2 uncje / ½ szklanki orzechów pekan, drobno posiekanych

Do kremu:

250 ml / 8 uncji / 1 szklanka mleka

50 g / 2 uncje / ¼ szklanki cukru pudru (bardzo drobnego)

50 g / 2 uncje / ½ szklanki mąki zwykłej (uniwersalnej)

1 jajko

Trochę soli

120 ml / 4 uncje / ½ szklanki śmietanki podwójnej (ciężkiej)

Aby przygotować ciasto, utrzyj masło lub margarynę ze 100 g cukru na jasną i puszystą masę. Dodajemy po trochu żółtka, dodajemy mąkę, proszek do pieczenia i sól na zmianę z mlekiem i esencją waniliową. Przelać do dwóch natłuszczonych i wyłożonych papierem foremek o średnicy 23 cm / 9 i wyrównać powierzchnię. Białka ubijamy na sztywną pianę, następnie dodajemy pozostały cukier i ponownie ubijamy, aż masa będzie sztywna i błyszcząca. Rozłóż masę na ciasto i posyp orzechami. Piec w piekarniku nagrzanym do 150°C/300°F/stopień gazu 3 przez 45 minut, aż beza będzie sucha. Przenieść na kratkę do ostygnięcia.

Aby przygotować krem, wymieszaj część mleka z cukrem i mąką. Pozostałe mleko zagotuj w rondlu, wlej mieszaninę cukru i ubijaj, aż masa będzie gładka. Wlej mleko z powrotem do opłukanego garnka i zagotuj, ciągle mieszając, a następnie gotuj, ciągle mieszając, aż zgęstnieje. Zdjąć z ognia, dodać jajko i sól, lekko ostudzić. Ubijamy śmietanę na sztywną masę i dodajemy ją do masy. Ostudzić. Przełożyć ciastka razem z kremem.

Plasterki makaronika z orzechami laskowymi

20 lat temu

175 g / 6 uncji / 1½ szklanki orzechów laskowych, blanszowanych

3 białka jaj

225 g / 8 uncji / 1 szklanka cukru pudru (bardzo drobnego)

5 ml / 1 łyżeczka esencji waniliowej (ekstrakt)

5 ml / 1 łyżeczka cynamonu w proszku

5 ml / 1 łyżeczka startej skórki z cytryny

Papier ryżowy

Posiekaj około 12 orzechów laskowych, a resztę zmiel na drobne kawałki. Białka ubijaj, aż uzyskasz jasny i pienisty krem. Stopniowo dodawaj cukier i kontynuuj ubijanie, aż masa utworzy sztywną pianę. Dodać orzechy laskowe, esencję waniliową, cynamon i skórkę cytrynową. Na blasze do pieczenia wyłożonej papierem ryżowym układamy stos łyżeczek i rozprowadzamy je cienkimi paskami. Odstaw na 1 godzinę. Piec w piekarniku nagrzanym do 180°C/350°F/stopień gazu 4 przez 12 minut, aż ciasto będzie twarde w dotyku.

Warstwa bezowo-orzechowa

Na ciasto o średnicy 25 cm / 10

100 g / 4 uncje / ½ szklanki miękkiego masła lub margaryny

400 g / 14 uncji / 1¾ szklanki cukru pudru (drobnego)

3 żółtka

100 g / 4 uncje / 1 szklanka mąki zwykłej (uniwersalnej)

10 ml / 2 łyżeczki proszku do pieczenia

120 ml / 4 uncje / ½ szklanki mleka

100 g / 4 uncje / 1 szklanka orzechów włoskich

4 białka jaj

250 ml / 8 uncji / 1 szklanka śmietany podwójnej (ciężkiej)

5 ml / 1 łyżeczka esencji waniliowej (ekstrakt)

Proszek kakaowy (czekolada bez cukru) do posypania

Utrzyj masło lub margarynę i 75 g cukru na jasną i puszystą masę. Dodajemy po trochu żółtka, a następnie na zmianę z mlekiem dodajemy mąkę i drożdże. Ciasto wylać do dwóch natłuszczonych i posypanych mąką foremek 25 cm / 10 w foremkach do ciast (forminha). Zachowaj kilka połówek orzechów włoskich do dekoracji, resztę posiekaj i posyp ciasto. Białka ubijamy na sztywną pianę, dodajemy pozostały cukier i ponownie ubijamy, aż masa będzie gęsta i błyszcząca. Rozsmarować na wierzchu ciast i piec w piekarniku nagrzanym do 180°C/350°F/gaz 4 przez 25 minut, przykrywając ciasto pergaminem (woskowanym) pod koniec pieczenia, gdyby beza zaczęła się zbytnio rumienić. Pozostawić do ostygnięcia w foremkach, następnie obrócić ciastka z bezą na wierzchu.

Śmietankę i esencję waniliową ubić na sztywną masę. Ułóż ciastka stroną bezową do góry, połową kremu i posmaruj resztą kremu. Udekorować zarezerwowanymi orzechami i posypać przesianym kakao.

Góry Bezowe

sprawia, że 6

2 białka jaj

100 g / 4 uncje / ½ szklanki cukru pudru (bardzo drobnego)

150 ml / ¼ pt / 2/3 szklanki śmietanki podwójnej (ciężkiej)

350 g truskawek, pokrojonych w plasterki

25 g / 1 uncja / ¼ szklanki zwykłej (półsłodkiej) czekolady, startej

Białka ubić na sztywną pianę. Dodaj połowę cukru i ubijaj, aż masa będzie gęsta i błyszcząca. Dodaj pozostały cukier. Rozwałkuj sześć krążków bezowych na pergaminie do pieczenia na blasze. Piec w piekarniku nagrzanym do 140°C/275°F/stopień gazu 1 przez 45 minut, aż ciasto będzie jasnobrązowe i chrupiące. Wnętrze pozostanie dość miękkie. Wyjąć z blachy do pieczenia i ostudzić na metalowej kratce.

Ubij śmietanę, aż będzie sztywna. Krążki bezy smarujemy połową kremu, dekorujemy owocami i dekorujemy pozostałą częścią kremu. Posypujemy wierzch startą czekoladą.

Bezy Krem Malinowy

6 porcji

2 białka jaj

100 g / 4 uncje / ½ szklanki cukru pudru (bardzo drobnego)

150 ml / ¼ pt / 2/3 szklanki śmietanki podwójnej (ciężkiej)

30 ml / 2 łyżki cukru pudru

Maliny 225g

Białka ubić w czystej, wolnej od tłuszczu misce, aż utworzą się miękkie szczyty. Dodaj połowę cukru i kontynuuj ubijanie, aż masa osiągnie sztywną pianę. Delikatnie wmieszaj pozostały cukier za pomocą metalowej łyżki. Blachę (biszkoptową) wyłóż pergaminem do pieczenia i wyciskaj na nią małe kółeczka bezy. Suszyć bezy w piekarniku na najniższym możliwym poziomie przez 2 godziny. Studzimy na metalowej kratce.

Śmietanę ubić z cukrem pudrem na sztywną pianę, następnie dodać maliny. Użyj do zrobienia kanapki z parami bezów i ułóż je na talerzu.

Ciasteczka Ratafii

16 lat temu

3 białka jaj

100 g / 4 uncje / 1 szklanka mielonych migdałów

225 g / 8 uncji / 1 szklanka cukru pudru (bardzo drobnego)

Białka ubić na sztywną pianę. Dodaj migdały i połowę cukru i ponownie ubijaj, aż masa będzie sztywna. Dodaj pozostały cukier. Małe plasterki układaj na natłuszczonej i wyłożonej papierem blasze do pieczenia (ciastko) i piecz w nagrzanym piekarniku w temperaturze 150°C / 300°F/gaz marka 2 przez 50 minut, aż będą suche i chrupiące na brzegach.

Karmel Vacherin

Na ciasto o średnicy 23 cm / 9

4 białka jaj

225 g / 8 uncji / 1 szklanka miękkiego brązowego cukru

50 g / 2 uncje / ½ szklanki posiekanych orzechów laskowych

300 ml / ½ pt / 1¼ szklanki śmietanki podwójnej (ciężkiej)

Kilka całych orzechów laskowych do dekoracji

Ubij białka, aż utworzą się miękkie szczyty. Stopniowo dodawaj cukier, aż masa będzie sztywna i błyszcząca. Umieść bezę w rękawie cukierniczym wyposażonym w gładką dyszę (końcówka) o średnicy 1 cm / ½ cala i wyciśnij dwie spirale bezowe o średnicy 23 cm / 9 cali na natłuszczoną i wyłożoną papierem blachę do pieczenia. Posyp 15 ml / 1 łyżką posiekanych orzechów włoskich i piecz w piekarniku nagrzanym do 120°C / 250°F / gaz ½ przez 2 godziny, aż będą chrupiące. Przenieść na kratkę do ostygnięcia.

Śmietanę ubić na sztywną pianę, następnie dodać pozostałe orzechy. Większość kremu wykorzystaj do ułożenia plasterków bezy, udekoruj pozostałą śmietaną i posyp całymi orzechami laskowymi.

Zwykłe bułeczki

10 lat temu

225 g / 8 uncji / 2 szklanki mąki zwykłej (uniwersalnej)

Trochę soli

2,5 ml / ½ łyżeczki sody oczyszczonej (soda oczyszczona)

5 ml / 1 łyżeczka kremu z kamienia nazębnego

50 g / 2 uncje / ¼ szklanki masła lub margaryny, pokrojonej w kostkę

30 ml / 2 łyżki mleka

30 ml / 2 łyżki wody

Wymieszaj mąkę, sól, sodę oczyszczoną i krem z kamienia nazębnego. Obtaczamy w maśle lub margarynie. Powoli dodawaj mleko i wodę, aż uzyskasz miękkie ciasto. Szybko zagniataj na posypanej mąką powierzchni, aż będzie gładkie, następnie rozwałkuj na grubość 1 cm/½ i za pomocą foremki do ciastek pokrój w krążki o średnicy 2 cm/2 cm. Ułóż scones (ciasteczka) na natłuszczonej blasze do pieczenia (herbatniki) i piecz w nagrzanym piekarniku w temperaturze 230°C / 450°F / gaz 8 przez około 10 minut, aż dobrze wyrosną i będą złocistobrązowe.

Bogate kluski jajeczne

12 lat temu

50 g / 2 uncje / ¼ szklanki masła lub margaryny

225 g / 8 uncji / 2 szklanki samorosnącej mąki (samorosnącej)

10 ml / 2 łyżeczki proszku do pieczenia

25 g / 1 uncja / 2 łyżki cukru pudru (drobnego)

1 jajko, lekko ubite

100 ml / 3½ uncji / 6½ łyżek mleka

Do mąki i drożdży dodać masło lub margarynę. Dodaj cukier. Dodaj jajko i mleko, aż uzyskasz miękkie ciasto. Lekko zagniatamy na stolnicy oprószonej mąką, rozwałkowujemy na grubość około 1 cm/½ i za pomocą foremki wycinamy krążki o średnicy 2 cm/2 cm. Wióry ponownie zwiń i pokrój. Ułóż scones (ciasteczka) na natłuszczonej blaszce (herbatnik) i piecz w nagrzanym piekarniku w temperaturze 230°C / 450°F / gaz na poziomie 8 przez 10 minut lub do złotego koloru.

bułeczki z jabłkami

12 lat temu

225 g / 8 uncji / 2 szklanki mąki pełnoziarnistej (pełnoziarnistej)

20 ml / 1½ łyżki proszku do pieczenia

Trochę soli

50 g / 2 uncje / ¼ szklanki masła lub margaryny

30 ml / 2 łyżki startego jabłka (ciasto)

1 ubite jajko

150 ml / ¼ pkt / 2/3 szklanki mleka

Wymieszaj mąkę, proszek do pieczenia i sól. Przełóż masło lub margarynę i dodaj jabłko. Stopniowo dodawaj jajko i mleko w takiej ilości, aby powstało miękkie ciasto. Rozwałkować na lekko posypanej mąką powierzchni na grubość około 5 cm i za pomocą foremki wykrawać krążki. Ułóż scones (ciasteczka) na natłuszczonej blasze do pieczenia i posmaruj pozostałym jajkiem. Piec w piekarniku nagrzanym do 200°C/400°F/stopień gazu 6 przez 12 minut, aż lekko się zarumieni.

Scones z jabłkami i kokosem

12 lat temu

50 g / 2 uncje / ¼ szklanki masła lub margaryny

225 g / 8 uncji / 2 szklanki samorosnącej mąki (samorosnącej)

25 g / 1 uncja / 2 łyżki cukru pudru (drobnego)

30 ml / 2 łyżki wiórków kokosowych (tartych)

1 jabłko do jedzenia (deserowe), obrane, wydrążone i posiekane

150 ml / ¼ pkt / 2/3 szklanki jogurtu naturalnego

30 ml / 2 łyżki mleka

Do mąki wcieramy masło lub margarynę. Dodać cukier, kokos i jabłko, następnie dodać jogurt i wyrobić miękkie ciasto, w razie potrzeby dodając odrobinę mleka. Rozwałkować na lekko posypanej mąką powierzchni na grubość około 1/2 cala i za pomocą foremki do ciastek pokroić w krążki. Ułóż scones (ciasteczka) na natłuszczonej blasze do pieczenia (herbatniki) i piecz w nagrzanym piekarniku w temperaturze 220°C/425°F/gaz 7 przez 10-15 minut, aż wyrosną i zarumienią się.

Scones z jabłkami i daktylami

12 lat temu

50 g / 2 uncje / ¼ szklanki masła lub margaryny

225 g / 8 uncji / 2 szklanki mąki zwykłej (uniwersalnej)

5 ml / 1 łyżeczka wymieszana z przyprawami (szarlotka)

5 ml / 1 łyżeczka kremu z kamienia nazębnego

2,5 ml / ½ łyżeczki sody oczyszczonej (soda oczyszczona)

25 g / 1 uncja / 2 łyżki miękkiego brązowego cukru

1 małe jabłko do gotowania (ciasto), obrane, wydrążone i pokrojone w kostkę

50 g / 2 uncje / 1/3 szklanki daktyli bez pestek, posiekanych

45 ml / 3 łyżki mleka

Masło lub margarynę utrzeć z mąką, mieszanką przypraw, kremem z kamienia nazębnego i sodą oczyszczoną. Dodaj cukier, jabłko i daktyle, następnie dodaj mleko i ubijaj, aż masa będzie gładka. Lekko zagniatamy, rozwałkowujemy na oprószonym mąką blacie na grubość 2,5 cm i foremką wycinamy krążki. Ułóż scones (ciasteczka) na natłuszczonej blasze do pieczenia (herbatniki) i piecz w nagrzanym piekarniku w temperaturze 220°C / 425°F/gaz 7 przez 12 minut, aż wyrosną i zarumienią się.

placuszki jęczmienne

12 lat temu

175 g / 6 uncji / 1½ szklanki mąki jęczmiennej

50 g / 2 uncje / ½ szklanki mąki zwykłej (uniwersalnej)

Trochę soli

2,5 ml / ½ łyżeczki sody oczyszczonej (soda oczyszczona)

2,5 ml / ½ łyżeczki kremu z kamienia nazębnego

25 g / 1 uncja / 2 łyżki masła lub margaryny

25 g / 1 uncja / 2 łyżki miękkiego brązowego cukru

100 ml / 3½ uncji / 6½ łyżek mleka

żółtko do posmarowania

Wymieszaj mąkę, sól, sodę oczyszczoną i krem z kamienia nazębnego. Ubijaj masło lub margarynę, aż mieszanina będzie przypominać bułkę tartą, następnie dodaj tyle cukru i mleka, aby uzyskać miękkie ciasto. Rozwałkować na lekko posypanej mąką powierzchni na grubość 2 cm / ¾ i za pomocą foremki wykrawać krążki. Ułóż scones (biszkopt) na natłuszczonej blasze do pieczenia i posmaruj żółtkiem jaja. Piec w piekarniku nagrzanym do 220°C/425°F/stopień gazu 7 przez 10 minut, aż uzyska złoty kolor.

randkowe bułeczki

12 lat temu

225 g / 8 uncji / 2 szklanki mąki pełnoziarnistej (pełnoziarnistej)

2,5 ml / ½ łyżeczki sody oczyszczonej (soda oczyszczona)

2,5 ml / ½ łyżeczki kremu z kamienia nazębnego

2,5 ml / ½ łyżeczki soli

40 g / 1½ uncji / 3 łyżki masła lub margaryny

15 ml / 1 łyżka cukru pudru (drobnego)

100 g / 4 uncje / 2/3 szklanki daktyli bez pestek, posiekanych

Około 100 ml / 3½ uncji / 6½ łyżki maślanki

Wymieszać mąkę, sodę oczyszczoną, krem z kamienia nazębnego i sól. Rozsmaruj masło lub margarynę, dodaj cukier i daktyle i zrób w środku dołek. Stopniowo dodawaj taką ilość maślanki, aby powstało średnio miękkie ciasto. Otwórz szeroko i pokrój w trójkąty. Ułóż scones (ciasteczka) na natłuszczonej blasze do pieczenia (herbatniki) i piecz w nagrzanym piekarniku w temperaturze 230°C / 450°F/stopień gazu 8 przez 20 minut, aż uzyskają złoty kolor.

Herby Scones

sprawia, że 8

175 g / 6 uncji / ¾ szklanki masła lub margaryny

225 g / 8 uncji / 2 szklanki zwykłej mocnej mąki (chleb)

15 ml / 1 łyżeczka proszku do pieczenia

Trochę soli

5 ml / 1 łyżeczka miękkiego brązowego cukru

30 ml / 2 łyżki mieszanki suszonych ziół

60 ml / 4 łyżki mleka lub wody

mleko do posmarowania

Masło lub margarynę utrzeć z mąką, proszkiem do pieczenia i solą, aż mieszanina będzie przypominała bułkę tartą. Dodaj cukier i zioła. Dodajemy tyle mleka lub wody, aby powstało miękkie ciasto. Rozwałkować na lekko posypanej mąką powierzchni na grubość około ¾/2 cm i za pomocą foremki wykrawać krążki. Ułóż scones (ciasteczka) na natłuszczonej blasze do pieczenia i posmaruj mlekiem. Piec w piekarniku nagrzanym do 200°C/400°F/stopień gazu 6 przez 10 minut, aż dobrze wyrośnie i będzie złociste.

Gâteau z musem truskawkowym

Na ciasto o średnicy 23 cm / 9

Na ciasto:

100 g / 4 uncje / 1 szklanka mąki samorosnącej (samorosnącej)

100 g / 4 uncje / ½ szklanki miękkiego masła lub margaryny

100 g / 4 uncje / ½ szklanki cukru pudru (bardzo drobnego)

2 jajka

Na mus:

15ml / 1 łyżka żelatyny w proszku

30 ml / 2 łyżki wody

450 g / 1 funt truskawek

3 jajka, oddzielone

75 g / 3 uncje / 1/3 szklanki cukru pudru (drobnego)

5 ml / 1 łyżeczka soku z cytryny

300 ml / ½ pt / 1¼ szklanki śmietanki podwójnej (ciężkiej)

30 ml / 2 łyżki płatków migdałowych (płatki), lekko prażone

Ubij składniki ciasta, aż będą gładkie. Wlać do natłuszczonej i wyłożonej papierem formy o średnicy 23 cm (blachy do pieczenia) i piec w nagrzanym piekarniku w temperaturze 190°C / 375°F / gaz, stopień 5, przez 25 minut, aż ciasto będzie złocistobrązowe i jędrne w dotyku. Wyjąć z formy i ostudzić.

Aby przygotować mus, wsyp żelatynę do wody w misce i pozostaw do uzyskania puszystej konsystencji. Umieść miskę w garnku z gorącą wodą i poczekaj, aż się rozpuści. Pozwól mu trochę ostygnąć. W międzyczasie ubić 350 g truskawek i przetrzeć przez sito, aby pozbyć się pestek. Żółtka ubijamy z cukrem, aż uzyskamy jasną i gęstą śmietanę, a mieszanina będzie schodziła z trzepaczki w paski. Dodać puree, sok z cytryny i żelatynę. Śmietankę ubijamy na sztywną masę, następnie dodajemy ją do połowy. Za pomocą czystej trzepaczki i miski ubij białka na sztywną pianę, a następnie dodaj je do masy.

Biszkopt przekrój poziomo na pół i połóż połowę na dnie czystej formy do ciasta (formy do pieczenia) wyłożonej folią spożywczą (folią). Pozostałe truskawki pokroić i ułożyć na biszkopcie, przykryć smakową śmietanką mleczną i na koniec drugą warstwą ciasta. Delikatnie naciśnij. Przechowywać w lodówce do twardości.

Przed podaniem odwróć gâteau na talerz i usuń folię spożywczą. Udekorować resztą kremu i udekorować migdałami.

Dziennik świąt Bożego Narodzenia

zrobić

3 jajka

100 g / 4 uncje / ½ szklanki cukru pudru (bardzo drobnego)

100 g / 4 uncje / 1 szklanka mąki zwykłej (uniwersalnej)

50 g / 2 uncje / ½ szklanki zwykłej (półsłodkiej) czekolady, startej

15 ml / 1 łyżka gorącej wody

Rafinowany (najdrobniejszy) cukier do laminowania

Na lukier (lukier):

175 g / 6 uncji / ¾ szklanki miękkiego masła lub margaryny

350 g / 12 uncji / 2 szklanki cukru pudru (cukierniczego), przesianego

30 ml / 2 łyżki ciepłej wody

30 ml / 2 łyżki kakao w proszku (niesłodzona czekolada) Do dekoracji:

Liście ostrokrzewu i drozda (opcjonalnie)

Jajka ubić z cukrem w żaroodpornej misce ustawionej nad garnkiem z wrzącą wodą. Kontynuuj ubijanie, aż masa będzie sztywna i zwolnij ubijaczkę w paski. Zdejmij z ognia i ubijaj, aż ostygnie. Złożyć mąkę na pół, następnie czekoladę, pozostałą mąkę i dodać wodę. Przełożyć do natłuszczonej i wyłożonej papierem szwajcarskiej formy do bułek (żelatynowej) i piec w nagrzanym piekarniku w temperaturze 220°C / 425°F / gaz 7 przez około 10 minut, aż ciasto będzie twarde w dotyku. Posyp duży arkusz pergaminu (woskowanego) cukrem pudrem. Obróć ciasto na drugą stronę, połóż je na papierze i przytnij brzegi. Przykryj drugą kartką papieru i delikatnie zwiń wzdłuż krótszego brzegu.

Aby przygotować lukier, utrzyj masło lub margarynę z cukrem pudrem, dodaj wodę i kakao. Wystudzone ciasto rozwałkowujemy, zdejmujemy papier i smarujemy połową kremu. Rozwałkuj ponownie i posmaruj lodem pozostałym lukrem, nacinając widelcem tak, aby przypominał kłodę. Na wierzch przesiej trochę cukru pudru i udekoruj według uznania.

Ciasto Wielkanocne Kaptur

Na ciasto o średnicy 20 cm / 8

75 g / 3 uncje / 1/3 szklanki cukru muscovado

3 jajka

75 g / 3 uncje / ¾ szklanki mąki samorosnącej (samorosnącej)

15 ml / 1 łyżka proszku kakaowego (czekolady bez cukru).

15 ml / 1 łyżka ciepłej wody

Do wypełnienia:

50 g / 2 uncje / ¼ szklanki miękkiego masła lub margaryny

75 g / 3 uncje / ½ szklanki cukru pudru (cukierniczego), przesianego

Na dach:

100 g / 4 uncje / 1 szklanka zwykłej czekolady (półsłodkiej)

25 g / 1 uncja / 2 łyżki masła lub margaryny

Wstążka lub kwiaty cukrowe (opcjonalnie)

Cukier i jajka ubić w żaroodpornej misce ustawionej nad garnkiem z wrzącą wodą. Kontynuuj ubijanie, aż mieszanina będzie gęsta i kremowa. Odstaw na kilka minut, zdejmij z ognia i ponownie wymieszaj, aż mieszanina pozostawi ślad po zdjęciu trzepaczki. Połączyć mąkę z kakao i dodać wodę. Wlać mieszaninę do natłuszczonej i wyłożonej papierem tortownicy o średnicy 20 cm / 8 (formy do pieczenia) oraz do natłuszczonej i wyłożonej papierem formy o średnicy 15 cm / 6. Piec w piekarniku nagrzanym do 200°C/400°F/stopień gazu 6 przez 15–20 minut, aż dobrze wyrośnie i będzie twarde w dotyku. Studzimy na metalowej kratce.

Aby przygotować nadzienie, utrzyj margarynę z cukrem pudrem. Użyj do ułożenia mniejszego ciasta na większym.

Aby przygotować lukier, rozpuść czekoladę i masło lub margarynę w żaroodpornej misce ustawionej nad garnkiem z wrzącą wodą. Na ciasto nakładamy lukier i rozprowadzamy go nożem zamoczonym w gorącej wodzie tak, aby był całkowicie pokryty. Udekoruj rondo wstążką lub cukrowymi kwiatami.

Wielkanocne ciasto Simnel

Na ciasto o średnicy 20 cm / 8

225 g / 8 uncji / 1 szklanka miękkiego masła lub margaryny

225 g / 8 uncji / 1 szklanka miękkiego brązowego cukru

Skórka otarta z 1 cytryny

4 ubite jajka

225 g / 8 uncji / 2 szklanki mąki zwykłej (uniwersalnej)

5 ml / 1 łyżeczka proszku do pieczenia

2,5 ml / ½ łyżeczki startej gałki muszkatołowej

50 g / 2 uncje / ½ szklanki mąki kukurydzianej (skrobi kukurydzianej)

100 g / 4 uncje / 2/3 szklanki sułtanek (złotych rodzynek)

100 g / 4 uncje / 2/3 szklanki rodzynek

75 g porzeczek

100 g / 4 uncje / ½ szklanki glazurowanych (kandowanych) wiśni, posiekanych

25 g / 1 uncja / ¼ szklanki mielonych migdałów

450 g pasty migdałowej

30 ml / 2 łyżki dżemu morelowego (konfitura)

1 ubite białko

Masło lub margarynę utrzeć z cukrem i skórką cytrynową na jasną i puszystą masę. Stopniowo ubić jajka, następnie dodać mąkę, proszek do pieczenia, gałkę muszkatołową i mąkę kukurydzianą. Dodaj owoce i migdały. Połowę masy wylać do natłuszczonej i wyłożonej papierem formy do pieczenia o średnicy 20 cm (forma do pieczenia). Połowę pasty migdałowej rozwałkować na okrąg wielkości ciasta i położyć na wierzchu ciasta. Wypełnij pozostałą mieszanką i piecz w piekarniku nagrzanym do 160°C / 325°F /

gazem 3 przez 2–2,5 godziny, aż uzyska złoty kolor. Niech ostygnie w formie. Po ostygnięciu wyjmij z formy i zawiń w pergamin (woskowany). Jeśli to możliwe, przechowuj w szczelnym pojemniku do trzech tygodni, aż dojrzeje.

Na koniec posmaruj wierzch ciasta dżemem. Rozwałkuj trzy czwarte pozostałej pasty migdałowej na okrąg o średnicy 20 cm, odetnij brzegi i połóż na wierzchu ciasta. Z pozostałej pasty migdałowej uformuj 11 kulek (aby reprezentowały uczniów bez Judasza). Posmaruj wierzch ciasta roztrzepanym białkiem i ułóż kulki wokół krawędzi ciasta, posmaruj białkiem. Umieścić na rozgrzanym grillu (brojler) na około minutę, aż się lekko zarumieni.

Tort na 12 noc

Na ciasto o średnicy 20 cm / 8

225 g / 8 uncji / 1 szklanka miękkiego masła lub margaryny

225 g / 8 uncji / 1 szklanka miękkiego brązowego cukru

4 ubite jajka

225 g / 8 uncji / 2 szklanki mąki zwykłej (uniwersalnej)

5 ml / 1 łyżeczka przypraw mielonych (szarlotka)

175 g / 6 uncji / 1 szklanka sułtanek (złotych rodzynek)

100 g / 4 uncje / 2/3 szklanki rodzynek

75 g porzeczek

50 g / 2 uncje / ¼ szklanki glazurowanych wiśni (kandyzowanych)

50 g / 2 uncje / 1/3 szklanki posiekanej mieszanej kory (kandyzowanej)

30 ml / 2 łyżki mleka

12 świec do dekoracji

Masło lub margarynę utrzeć z cukrem na jasną i puszystą masę. Stopniowo wbijaj jajka, następnie dodaj mąkę, wymieszane przyprawy, owoce i skórki i mieszaj na gładką masę, w razie potrzeby dodając odrobinę mleka, aby uzyskać gładką masę. Przełożyć do natłuszczonej formy o średnicy 20 cm, natłuszczonej i wyłożonej łyżką i piec w piekarniku nagrzanym do 180°C / 350°F / gaz 4 przez 2 godziny, aż wykałaczka wbita w środek będzie czysta.
Wyjść

Ciasto jabłkowe z mikrofali

Tworzy kwadrat o boku 23 cm / 9

100 g / 4 uncje / ½ szklanki miękkiego masła lub margaryny

100 g / 4 uncje / ½ szklanki miękkiego brązowego cukru

30 ml / 2 łyżki golden syropu (jasna kukurydza)

2 jajka, lekko ubite

225 g / 8 uncji / 2 szklanki samorosnącej mąki (samorosnącej)

10 ml / 2 łyżeczki mielonych przypraw (szarlotka)

120 ml / 4 uncje / ½ szklanki mleka

2 jabłka do gotowania (ciasta), obrane, wydrążone i pokrojone w cienkie plasterki

15 ml / 1 łyżka cukru pudru (drobnego)

5 ml / 1 łyżeczka cynamonu w proszku

Masło lub margarynę utrzeć z brązowym cukrem i syropem na jasną i puszystą masę. Stopniowo dodawaj jajka. Wymieszaj mąkę i przyprawy, a następnie dodaj mleko, aż masa będzie gładka. Zbierz jabłka. Wlać do natłuszczonej i wyłożonej papierem formy pierścieniowej o średnicy 23 cm/9 podstawy (rura) i mikrofalować na średnim poziomie przez 12 minut, aż masa będzie twarda. Odstawić na 5 minut, następnie odwrócić do góry nogami i posypać cukrem pudrem i cynamonem.

Ciasto jabłkowe z mikrofali

Na ciasto o średnicy 20 cm / 8

100 g / 4 uncje / ½ szklanki miękkiego masła lub margaryny

175 g / 6 uncji / ¾ szklanki miękkiego brązowego cukru

1 jajko, lekko ubite

175 g / 6 uncji / 1½ szklanki mąki zwykłej (uniwersalnej)

2,5 ml / ½ łyżeczki proszku do pieczenia

Trochę soli

2,5 ml / ½ łyżeczki zmielonego ziela angielskiego

1,5 ml / ¼ łyżeczki startej gałki muszkatołowej

1,5 ml / ¼ łyżeczki zmielonych goździków

300 ml / ½ pt / 1¼ szklanki niesłodzonego musu jabłkowego (sos)

75 g / 3 uncje / ½ szklanki rodzynek

cukier puder do posypania

Masło lub margarynę utrzeć z brązowym cukrem na jasną i puszystą masę. Powoli dodajemy jajko i dodajemy mąkę, proszek do pieczenia, sól i przyprawy, na zmianę z przecierem jabłkowym i rodzynkami. Przenieś do natłuszczonej i oprószonej mąką miarki o średnicy 20 cm/8 na kwadratowej płycie kuchenki mikrofalowej i mikrofaluj na maksymalnej mocy przez 12 minut. Wystudzić na talerzu, pokroić w kwadraty i posypać cukrem pudrem.

Ciasto jabłkowo-orzechowe do mikrofalówki

Na ciasto o średnicy 20 cm / 8

175 g / 6 uncji / ¾ szklanki miękkiego masła lub margaryny

100 g / 4 uncje / ½ szklanki cukru pudru (bardzo drobnego)

3 jajka, lekko ubite

30 ml / 2 łyżki golden syropu (jasna kukurydza)

Tarta skórka i sok z 1 cytryny

175 g / 6 uncji / 1 ½ szklanki mąki samorosnącej

50 g / 2 uncje / ½ szklanki posiekanych orzechów włoskich

1 jabłko do jedzenia (deserowe), obrane, wydrążone i posiekane

100 g / 4 uncje / 2/3 szklanki cukru pudru (cukierniczego)

30 ml / 2 łyżki soku z cytryny

15 ml / 1 łyżka wody

Połówki orzecha włoskiego do dekoracji

Masło lub margarynę utrzeć z cukrem pudrem na jasną i puszystą masę. Stopniowo dodawaj jajka, następnie syrop, skórkę z cytryny i sok. Dodać mąkę, posiekane orzechy włoskie i jabłko. Wlać do natłuszczonego naczynia do kuchenki mikrofalowej 20 cm / 8 i wstawić do mikrofalówki na maksymalną moc przez 4 minuty. Wyjmij z piekarnika i przykryj folią aluminiową. Ostudzić. Cukier puder wymieszać z sokiem z cytryny i taką ilością wody, aby powstał gładki lukier (lukier). Posmaruj ciasto i udekoruj połówkami orzechów włoskich.

Ciasto marchewkowe z mikrofali

Na ciasto o średnicy 18 cm / 7

100 g / 4 uncje / ½ szklanki miękkiego masła lub margaryny

100 g / 4 uncje / ½ szklanki miękkiego brązowego cukru

2 ubite jajka

Tarta skórka i sok z 1 pomarańczy

2,5 ml / ½ łyżeczki cynamonu w proszku

Szczypta startej gałki muszkatołowej

100 g startej marchewki

100 g / 4 uncje / 1 szklanka mąki samorosnącej (samorosnącej)

25 g / 1 uncja / ¼ szklanki mielonych migdałów

25 g / 1 uncja / 2 łyżki cukru pudru (drobnego)

Na dach:

100 g / 4 uncje / ½ szklanki serka śmietankowego

50 g / 2 uncje / 1/3 szklanki przesianego cukru pudru

30 ml / 2 łyżki soku z cytryny

Masło i cukier utrzeć na jasną i puszystą masę. Stopniowo dodajemy jajka, następnie sok i skórkę pomarańczową, przyprawy i marchewkę. Połącz mąkę, migdały i cukier. Wlać do natłuszczonej i wyłożonej papierem formy do ciasta o średnicy 18 cm i przykryć folią spożywczą. Włącz kuchenkę mikrofalową na maksymalną moc przez 8 minut, aż patyczek wbity w środek będzie czysty. Zdejmij plastikową folię i odstaw na 8 minut, a następnie połóż na metalowej kratce, aby dokończyć studzenie. Składniki na polewę ubić i wylać na ostudzone ciasto.

Ciasto marchewkowo-ananasowo-orzechowe z mikrofali

Na ciasto o średnicy 20 cm / 8

225 g / 8 uncji / 1 szklanka cukru pudru (bardzo drobnego)

2 jajka

120 ml / 4 uncje / ½ szklanki oleju

1,5 ml / ¼ łyżeczki soli

5 ml / 1 łyżeczka sody oczyszczonej (soda oczyszczona)

100 g / 4 uncje / 1 szklanka mąki samorosnącej (samorosnącej)

5 ml / 1 łyżeczka cynamonu w proszku

175 g startej marchewki

75 g posiekanych orzechów włoskich

225 g rozdrobnionego ananasa z sokiem

Na lukier (lukier):

15 g / ½ uncji / 1 łyżka masła lub margaryny

50 g / 2 uncje / ¼ szklanki serka śmietankowego

10 ml / 2 łyżeczki soku z cytryny

Cukier puder, przesiany

Dużą formę pierścieniową (w kształcie rurki) wyłóż pergaminem do pieczenia. Ubić cukier, jajka i olej. Delikatnie wymieszaj suche składniki, aż dobrze się połączą. Dodać pozostałe składniki ciasta. Wlać mieszaninę do przygotowanej patelni, umieścić ją na drucianej kratce lub odwróconym talerzu i wstawić do mikrofalówki na maksymalną moc przez 13 minut lub do momentu, aż masa się zetnie. Odstawiamy na 5 minut, a następnie wstawiamy do piekarnika do ostygnięcia.

W międzyczasie zrób polewę. Włóż masło lub margarynę, serek śmietankowy i sok z cytryny do miski i włóż do mikrofalówki na 30–40 sekund. Stopniowo dodawaj tyle cukru pudru, aby uzyskać gęstą konsystencję i ubijaj, aż masa będzie kremowa. Gdy ciasto ostygnie, posmaruj je polewą.

Ciasta z otrębami sezonowane w kuchence mikrofalowej

15 lat temu

75 g / 3 uncje / ¾ szklanki płatków All Bran

250 ml / 8 uncji / 1 szklanka mleka

175 g / 6 uncji / 1½ szklanki mąki zwykłej (uniwersalnej)

75 g / 3 uncje / 1/3 szklanki cukru pudru (drobnego)

10 ml / 2 łyżeczki proszku do pieczenia

10 ml / 2 łyżeczki mielonych przypraw (szarlotka)

Trochę soli

60 ml / 4 łyżki złotego syropu (jasna kukurydziana)

45 ml / 3 łyżki oleju

1 jajko, lekko ubite

75 g / 3 uncje / ½ szklanki rodzynek

15 ml / 1 łyżka startej skórki pomarańczowej

Płatki namoczyć w mleku na 10 minut. Wymieszaj mąkę, cukier, proszek do pieczenia, przyprawę i sól i wymieszaj z płatkami. Dodać syrop, oliwę, jajko, rodzynki i skórkę pomarańczową. Wlać do papierowych kubków (papierek do babeczek) i wstawić do mikrofalówki pięć ciastek na raz na 4 minuty. Powtórzyć dla pozostałych ciast.

Ciasto z Bananami I Marakują Do Kuchenki Mikrofalowej

Na ciasto o średnicy 23 cm / 9

100 g / 4 uncje / ½ szklanki roztopionego masła lub margaryny

175 g / 6 uncji / 1½ szklanki okruchów piernika (biszkopt)

250 g / 9 uncji / 1 szklanka obfitego serka śmietankowego

175 ml / 6 uncji / ¾ szklanki kwaśnej śmietany (kwasu mlekowego)

2 jajka, lekko ubite

100 g / 4 uncje / ½ szklanki cukru pudru (bardzo drobnego)

Tarta skórka i sok z 1 cytryny

150 ml / ¼ pkt / 2/3 szklanki gęstej śmietanki

1 banan, pokrojony w plasterki

1 posiekana marakuja

Połączyć masło lub margarynę z okruszkami ciasteczek i wcisnąć je w spód i boki naczynia o średnicy 23 cm / 9 cm nadającego się do kuchenki mikrofalowej. Mikrofale na maksymalnej mocy przez 1 minutę. Ostudzić.

> Ubij serek śmietankowy i śmietanę na gładką masę, następnie dodaj jajko, cukier, sok z cytryny i skórkę. Rozprowadź na bazie i równomiernie rozprowadź. Gotuj na średnim poziomie przez 8 minut. Ostudzić.

Śmietanę ubić na sztywną pianę i wylać na formę. Przykryj plasterkami banana i przykryj miąższem z marakui.

Sernik pomarańczowy pieczony w kuchence mikrofalowej

Na ciasto o średnicy 20 cm / 8

50 g / 2 uncje / ¼ szklanki masła lub margaryny

12 ciastek pełnoziarnistych (krakersy Graham), pokruszonych

100 g / 4 uncje / ½ szklanki cukru pudru (bardzo drobnego)

225 g / 8 uncji / 1 szklanka serka śmietankowego

2 jajka

30 ml / 2 łyżki zagęszczonego soku pomarańczowego

15 ml / 1 łyżka soku z cytryny

150 ml / ¼ pt / 2/3 szklanki kwaśnej śmietany (kwasu mlekowego)

Trochę soli

1 pomarańcza

30 ml / 2 łyżki dżemu morelowego (konfitura)

150 ml / ¼ pt / 2/3 szklanki śmietanki podwójnej (ciężkiej)

Rozpuść masło lub margarynę w kuchence mikrofalowej o średnicy 20 cm / 8, ustawionej na dużą moc przez 1 minutę. Połączyć okruszki ciasteczek z 25 g cukru i 2 łyżkami cukru, wyłożyć na spód i boki naczynia. Ser ubić z pozostałym cukrem i jajkami, następnie dodać sok pomarańczowy i cytrynowy, śmietanę i sól. Włożyć do formy (obrać) i wstawić do mikrofalówki na 2 minuty na maksymalną moc. Odstaw na 2 minuty, następnie wstaw do mikrofalówki na wysoką moc na kolejne 2 minuty. Odstaw na 1 minutę, następnie wstaw do mikrofalówki na wysoką moc na 1 minutę. Ostudzić.

Obierz pomarańczę i usuń segmenty błony za pomocą ostrego noża. Rozpuść dżem i posmaruj nim sernik. Ubij śmietanę za pomocą tubki wokół krawędzi sernika i udekoruj plasterkami pomarańczy.

Sernik ananasowy z mikrofali

Na ciasto o średnicy 23 cm / 9

100 g / 4 uncje / ½ szklanki roztopionego masła lub margaryny

175 g / 6 uncji / 1 ½ szklanki okruchów herbatników trawiennych (krakersy Graham)

250 g / 9 uncji / 1 szklanka obfitego serka śmietankowego

2 jajka, lekko ubite

5 ml / 1 łyżeczka startej skórki z cytryny

30 ml / 2 łyżki soku z cytryny

75 g / 3 uncje / 1/3 szklanki cukru pudru (drobnego)

400 g / 14 uncji / 1 duża puszka ananasa, odsączonego i rozgniecionego

150 ml / ¼ pt / 2/3 szklanki śmietanki podwójnej (ciężkiej)

Połączyć masło lub margarynę z okruszkami ciasteczek i wcisnąć je w spód i boki naczynia o średnicy 23 cm / 9 cm nadającego się do kuchenki mikrofalowej. Mikrofale na maksymalnej mocy przez 1 minutę. Ostudzić.

Serek śmietankowy, jajka, skórkę z cytryny, sok i cukier ubić na puszystą masę. Dodaj ananasa i połóż go na spodzie. Kuchenkę mikrofalową na średnim poziomie przez 6 minut, aż będzie twarda. Ostudzić.

Śmietanę ubić na sztywną pianę, następnie wylać ją na wierzch sernika.

Chleb mikrofalowy z wiśniami i orzechami włoskimi

Na bochenek o masie 900 g / 2 funty

175 g / 6 uncji / ¾ szklanki miękkiego masła lub margaryny

175 g / 6 uncji / ¾ szklanki miękkiego brązowego cukru

3 ubite jajka

225 g / 8 uncji / 2 szklanki mąki zwykłej (uniwersalnej)

10 ml / 2 łyżeczki proszku do pieczenia

Trochę soli

45 ml / 3 łyżki mleka

75 g / 3 uncje / 1/3 szklanki glazurowanych wiśni (kandyzowanych)

75 g / 3 uncje / ¾ szklanki posiekanych mieszanych orzechów

25 g / 1 uncja / 3 łyżki cukru pudru (cukierniczego), przesianego

Masło lub margarynę utrzeć z brązowym cukrem na jasną i puszystą masę. Stopniowo ubijaj jajka, następnie dodaj mąkę, proszek do pieczenia i sól. Dolać tyle mleka, aby uzyskać gładką konsystencję, następnie dodać wiśnie i orzechy włoskie. Wlać do natłuszczonej i wyłożonej papierem formy do pieczenia w kuchence mikrofalowej o masie 900 g i posypać cukrem. Kuchenka mikrofalowa na maksymalnej mocy przez 7 minut. Odstawić na 5 minut, następnie przełożyć na metalową kratkę do wystygnięcia.

Ciasto czekoladowe z mikrofali

Na ciasto o średnicy 18 cm / 7

225 g / 8 uncji / 1 szklanka miękkiego masła lub margaryny

175 g / 6 uncji / ¾ szklanki cukru pudru (drobnego)

150 g / 5 uncji / 1¼ szklanki mąki samorosnącej (samorosnącej)

50 g / 2 uncje / ¼ szklanki kakao (niesłodzonej czekolady) w proszku

5 ml / 1 łyżeczka proszku do pieczenia

3 ubite jajka

45 ml / 3 łyżki mleka

Wymieszaj wszystkie składniki i umieść je w natłuszczonej i wyłożonej papierem misce o średnicy 18 cm / 7 cm, nadającej się do kuchenki mikrofalowej. Kuchenkę mikrofalową na maksymalnej mocy przez 9 minut, aż masa będzie twarda w dotyku. Studzimy na blaszce przez 5 minut, następnie przekładamy na metalową kratkę do wystygnięcia.

Ciasto czekoladowo-migdałowe z mikrofali

Na ciasto o średnicy 20 cm / 8

Na ciasto:

100 g / 4 uncje / ½ szklanki miękkiego masła lub margaryny

100 g / 4 uncje / ½ szklanki cukru pudru (bardzo drobnego)

2 jajka, lekko ubite

100 g / 4 uncje / 1 szklanka mąki samorosnącej (samorosnącej)

50 g / 2 uncje / ½ szklanki kakao (niesłodzonej czekolady) w proszku

50 g / 2 uncje / ½ szklanki mielonych migdałów

150 ml / ¼ pkt / 2/3 szklanki mleka

60 ml / 4 łyżki złotego syropu (jasna kukurydziana)

Na lukier (lukier):

100 g / 4 uncje / 1 szklanka zwykłej czekolady (półsłodkiej)

25 g / 1 uncja / 2 łyżki masła lub margaryny

8 całych migdałów

Aby przygotować ciasto, utrzyj masło lub margarynę z cukrem na jasną i puszystą masę. Stopniowo ubijaj jajka, następnie dodaj mąkę i kakao, a następnie zmielone migdały. Dodaj mleko i syrop i ubijaj, aż uzyskasz lekką i puszystą śmietankę. Przenieść do miski o średnicy 20 cm / 8, którą można podgrzewać w kuchence mikrofalowej, wyłożonej folią spożywczą (folią) i wstawić do mikrofalówki na wysoką temperaturę na 4 minuty. Wyjąć z piekarnika, przykryć folią aluminiową i lekko przestudzić, następnie wstawić do piekarnika do całkowitego wystygnięcia.

Aby przygotować lukier, rozpuść czekoladę z masłem lub margaryną na wysokim poziomie przez 2 minuty. Pokonaj dobrze.

Zanurz przekrojone na pół migdały w czekoladzie i odłóż je na kawałek pergaminu (woskowanego) papieru. Pozostałym lukrem wylać na ciasto i posmarować nim górę i boki. Udekoruj migdałami i poczekaj, aż stwardnieje.

Brownies z podwójną czekoladą do mikrofalówki

sprawia, że 8

150 g / 5 uncji / 1¼ szklanki zwykłej (półsłodkiej) czekolady, grubo posiekanej

75 g / 3 uncje / 1/3 szklanki masła lub margaryny

175 g / 6 uncji / ¾ szklanki miękkiego brązowego cukru

2 jajka, lekko ubite

150 g / 5 uncji / 1¼ szklanki mąki zwykłej (uniwersalnej)

2,5 ml / ½ łyżeczki proszku do pieczenia

2,5 ml / ½ łyżeczki esencji waniliowej (ekstrakt)

30 ml / 2 łyżki mleka

Rozpuść 50 g / 2 uncje / ½ szklanki czekolady z masłem lub margaryną na wysokich obrotach przez 2 minuty. Dodać cukier i jajka, dodać mąkę, drożdże, esencję waniliową i mleko, aż masa będzie gładka. Przełożyć do natłuszczonej miski o średnicy 20 cm / 8, umieszczonej w kwadratowym naczyniu przeznaczonym do kuchenki mikrofalowej i wstawić do mikrofalówki na maksymalną moc przez 7 minut. Pozostawiamy do wystygnięcia na talerzu na 10 minut. Pozostałą czekoladę rozpuść na wysokim poziomie przez 1 minutę, posmaruj nią wierzch ciasta i pozostaw do ostygnięcia. Pokrój w kwadraty.

Batony czekoladowe do mikrofalówki

sprawia, że 8

50 g / 2 uncje / 1/3 szklanki daktyli bez pestek, posiekanych

60 ml / 4 łyżki wrzącej wody

65 g / 2½ uncji / 1/3 szklanki miękkiego masła lub margaryny

225 g / 8 uncji / 1 szklanka cukru pudru (bardzo drobnego)

1 jajko

100 g / 4 uncje / 1 szklanka mąki zwykłej (uniwersalnej)

10 ml / 2 łyżeczki kakao (niesłodzonej czekolady) w proszku

2,5 ml / ½ łyżeczki proszku do pieczenia

Trochę soli

25 g / 1 uncja / ¼ szklanki posiekanych mieszanych orzechów

100 g / 4 uncje / 1 filiżanka zwykłej (półsłodkiej) czekolady, drobno posiekanej

Daktyle zalać wrzącą wodą i odstawić do ostygnięcia. Masło lub margarynę utrzeć z połową cukru na jasną i puszystą masę. Stopniowo dodawaj jajko i na przemian mąkę, kakao, proszek do pieczenia, sól i mieszankę daktylową. Wlać do natłuszczonej i oprószonej mąką miski do kuchenki mikrofalowej o średnicy 20 cm / 8. Pozostały cukier wymieszać z orzechami i czekoladą, posypać wierzch, lekko dociskając. Kuchenka mikrofalowa na maksymalnej mocy przez 8 minut. Pozostawić do ostygnięcia na talerzu przed pocięciem na kwadraty.

Kwadraty czekoladowe do mikrofalówki

16 lat temu

Na ciasto:

50 g / 2 uncje / ¼ szklanki masła lub margaryny

5 ml / 1 łyżeczka cukru pudru (drobnego)

75 g / 3 uncje / ¾ szklanki mąki zwykłej (uniwersalnej)

1 żółtko

15 ml / 1 łyżka wody

175 g / 6 uncji / 1½ szklanki zwykłej (półsłodkiej) czekolady, startej lub posiekanej

Na dach:

50 g / 2 uncje / ¼ szklanki masła lub margaryny

50 g / 2 uncje / ¼ szklanki cukru pudru (bardzo drobnego)

1 jajko

2,5 ml / ½ łyżeczki esencji waniliowej (ekstrakt)

100 g / 4 uncje / 1 szklanka posiekanych orzechów włoskich

Aby przygotować ciasto, rozpuść masło lub margarynę, dodaj cukier, mąkę, żółtko i wodę. Rozprowadź mieszaninę równomiernie w naczyniu kuchenki mikrofalowej o powierzchni 20 cm/8 kwadratowych i wstaw do mikrofalówki na maksymalną moc przez 2 minuty. Posyp czekoladą i włóż do mikrofalówki na wysoką temperaturę na 1 minutę. Rozprowadź równomiernie na bazie i pozostaw do zastygnięcia.

Aby przygotować polewę, włóż masło lub margarynę do mikrofalówki na 30 sekund. Dodać pozostałe składniki polewy i posmarować czekoladą. Kuchenka mikrofalowa na maksymalnej mocy przez 5 minut. Pozostawić do ostygnięcia i pokroić w kwadraty.

Szybkie ciasto kawowe z mikrofali

Wychodzi 19 cm / 7 w cieście

Na ciasto:

225 g / 8 uncji / 1 szklanka miękkiego masła lub margaryny

225 g / 8 uncji / 1 szklanka cukru pudru (bardzo drobnego)

225 g / 8 uncji / 2 szklanki samorosnącej mąki (samorosnącej)

5 jaj

45 ml / 3 łyżki esencji kawowej (ekstraktu)

Na lukier (lukier):

30 ml / 2 łyżki esencji kawowej (ekstraktu)

175 g / 6 uncji / ¾ szklanki masła lub margaryny

Cukier puder, przesiany

Połówki orzecha włoskiego do dekoracji

Wszystkie składniki ciasta mieszamy ze sobą, aż dobrze się połączą. Rozdzielić pomiędzy dwie formy do ciasta o średnicy 19 cm / 7, przeznaczone do kuchenki mikrofalowej i piec każdą na wysokim poziomie przez 5–6 minut. Wyjmij z kuchenki mikrofalowej i ostudź.

Składniki na polewę wymieszać, dosłodzić do smaku cukrem pudrem. Gdy ostygną, posmaruj ciastka połową lukru, a resztą posmaruj wierzch. Udekorować połówkami orzechów włoskich.

Świąteczne ciasto z mikrofali

Na ciasto o średnicy 23 cm / 9

150 g / 5 uncji / 2/3 szklanki miękkiego masła lub margaryny

150 g / 5 uncji / 2/3 szklanki miękkiego brązowego cukru

3 jajka

30ml / 2 łyżki melasy z czarnego paska (melasa)

225 g / 8 uncji / 2 szklanki samorosnącej mąki (samorosnącej)

10 ml / 2 łyżeczki mielonych przypraw (szarlotka)

2,5 ml / ½ łyżeczki startej gałki muszkatołowej

2,5 ml / ½ łyżeczki sody oczyszczonej (soda oczyszczona)

450 g / 1 funt / 22/3 szklanki mieszanych suszonych owoców (mieszanka ciast owocowych)

50 g / 2 uncje / ¼ szklanki glazurowanych wiśni (kandyzowanych)

50 g / 2 uncje / 1/3 szklanki posiekanej mieszanej kory

50 g / 2 uncje / ½ szklanki posiekanych mieszanych orzechów

30 ml / 2 łyżki brandy

Dodatkowa brandy do dojrzewania ciasta (opcjonalnie)

Masło lub margarynę utrzeć z cukrem na jasną i puszystą masę. Stopniowo dodawaj jajka i melasę, następnie dodaj mąkę, przyprawy i sodę oczyszczoną. Delikatnie wymieszaj owoce, skórki i orzechy, a następnie dodaj brandy. Przenieś na wyłożoną dnem wyłożoną dnem tortownicę o średnicy 23 cm / 9 łyżek, umieszczoną na talerzu przeznaczonym do kuchenki mikrofalowej i podgrzewaj w kuchence mikrofalowej przez 45–60 minut. Studzimy na blaszce przez 15 minut, a następnie przenosimy na metalową kratkę, aby dokończyć studzenie.

Po ostygnięciu zawiń ciasto w folię i odstaw na 2 tygodnie w chłodne, ciemne miejsce. W razie potrzeby nakłuj wierzch ciasta kilka razy cienkim patyczkiem i posyp odrobiną dodatkowej brandy, a następnie ponownie zawiń i przechowuj ciasto. Można to zrobić kilka razy, aby uzyskać bogatsze ciasto.

Kruche ciasto z mikrofali

Na ciasto o średnicy 20 cm / 8

300 g / 10 uncji / 1 ¼ szklanki cukru pudru (drobnego)

225 g / 8 uncji / 2 szklanki mąki zwykłej (uniwersalnej)

10 ml / 2 łyżeczki proszku do pieczenia

5 ml / 1 łyżeczka cynamonu w proszku

100 g / 4 uncje / ½ szklanki miękkiego masła lub margaryny

2 jajka, lekko ubite

100 ml / 3½ uncji / 6½ łyżek mleka

Wymieszaj cukier, mąkę, proszek do pieczenia i cynamon. Dodaj masło lub margarynę i zachowaj jedną czwartą mieszanki. Jajka wymieszać z mlekiem i wymieszać z większą częścią ciasta. Wlać mieszaninę do natłuszczonego i oprószonego mąką naczynia do kuchenki mikrofalowej o średnicy 20 cm / 8 i posypać zarezerwowaną kruszonką. Mikrofale na maksymalnej mocy przez 10 minut. Pozwól mu ostygnąć na talerzu.

Daktyle mikrofalowe

12 lat temu

150 g / 5 uncji / 1¼ szklanki samorosnącej mąki

175 g / 6 uncji / ¾ szklanki cukru pudru (drobnego)

100 g / 4 uncje / 1 szklanka suszonego kokosa (tartego)

100 g / 4 uncje / 2/3 szklanki daktyli bez pestek, posiekanych

50 g / 2 uncje / ½ szklanki posiekanych mieszanych orzechów

100 g / 4 uncje / ½ szklanki roztopionego masła lub margaryny

1 jajko, lekko ubite

cukier puder do posypania

Wymieszaj suche składniki. Dodaj masło lub margarynę oraz jajko i mieszaj, aż uzyskasz zwarte ciasto. Wciśnij spód naczynia kuchenki mikrofalowej o powierzchni 20 cm / 8 kwadratowych i wstaw do mikrofalówki na średnim poziomie przez 8 minut, aż masa będzie twarda. Pozostawić na blasze na 10 minut, pokroić w batoniki i przełożyć na metalową kratkę do wystygnięcia.

Chleb figowy z mikrofali

Na bochenek o wadze 675 g / 1½ funta

100 g / 4 uncje / 2 szklanki otrębów

50 g / 2 uncje / ¼ szklanki miękkiego brązowego cukru

45 ml / 3 łyżki klarownego miodu

100 g / 4 uncje / 2/3 szklanki suszonych fig, posiekanych

50 g / 2 uncje / ½ szklanki posiekanych orzechów laskowych

300 ml / ½ pt / 1¼ szklanki mleka

100 g / 4 uncje / 1 szklanka mąki pełnoziarnistej (pełnoziarnistej)

10 ml / 2 łyżeczki proszku do pieczenia

Trochę soli

Wszystkie składniki mieszamy aż do uzyskania sztywnego ciasta. Uformuj formę do pieczenia w kuchence mikrofalowej i wyrównaj powierzchnię. Gotuj na wysokim poziomie przez 7 minut. Pozostawiamy do wystygnięcia na blaszce przez 10 minut, a następnie wkładamy do piekarnika, aby wystygło.

Płatki mikrofalowe

24 lata temu

175 g / 6 uncji / ¾ szklanki miękkiego masła lub margaryny

50 g / 2 uncje / ¼ szklanki cukru pudru (bardzo drobnego)

50 g / 2 uncje / ¼ szklanki miękkiego brązowego cukru

90 ml / 6 łyżek złotego syropu (jasna kukurydziana)

Trochę soli

275 g / 10 uncji / 2½ szklanki płatków owsianych

Połącz masło lub margarynę i cukier w dużej misce i gotuj na wysokim poziomie przez 1 minutę. Dodaj pozostałe składniki i dobrze wymieszaj. Wlać mieszaninę do natłuszczonego naczynia o średnicy 18 cm / 7 cm, które można używać w kuchence mikrofalowej i lekko docisnąć. Gotuj na wysokim poziomie przez 5 minut. Lekko ostudzić i pokroić w kwadraty.

Ciasto owocowe z mikrofali

Na ciasto o średnicy 18 cm / 7

175 g / 6 uncji / ¾ szklanki miękkiego masła lub margaryny

175 g / 6 uncji / ¾ szklanki cukru pudru (drobnego)

Skórka otarta z 1 cytryny

3 ubite jajka

225 g / 8 uncji / 2 szklanki mąki zwykłej (uniwersalnej)

5 ml / 1 łyżeczka przypraw mielonych (szarlotka)

225 g / 8 uncji / 11/3 szklanki rodzynek

225 g / 8 uncji / 11/3 szklanki sułtanek (złotych rodzynek)

50 g / 2 uncje / ¼ szklanki glazurowanych wiśni (kandyzowanych)

50 g / 2 uncje / ½ szklanki posiekanych mieszanych orzechów

15 ml / 1 łyżka golden syropu (jasna kukurydziana)

45 ml / 3 łyżki brandy

Masło lub margarynę utrzeć z cukrem na jasną i puszystą masę. Dodaj skórkę z cytryny i powoli ubij jajka. Dodajemy mąkę i wymieszane przyprawy, następnie dodajemy pozostałe składniki. Wlać do natłuszczonej i wyłożonej papierem miski o średnicy 18 cm / 7 cm umieszczonej w okrągłym naczyniu do kuchenki mikrofalowej i podgrzewać w kuchence mikrofalowej na małym ogniu przez 35 minut, aż patyczek wbity w środek będzie czysty. Pozostawiamy do wystygnięcia na blaszce przez 10 minut, a następnie wkładamy do piekarnika, aby wystygło.

Kwadraty z owocami i kokosem do mikrofalówki

sprawia, że 8

50 g / 2 uncje / ¼ szklanki masła lub margaryny

9 ciastek pełnoziarnistych (krakersy Graham), pokruszonych

50 g / 2 uncje / ½ szklanki suszonego kokosa (tartego)

100 g / 4 uncje / 2/3 szklanki posiekanej mieszanej skórki (kandyzowanej)

50 g / 2 uncje / 1/3 szklanki daktyli bez pestek, posiekanych

15 ml / 1 łyżka mąki pszennej (uniwersalnej)

25 g / 1 uncja / 2 łyżki posiekanych glazurowanych (kandyzowanych) wiśni

100 g / 4 uncje / 1 szklanka posiekanych orzechów włoskich

150 ml / ¼ pkt / 2/3 szklanki mleka skondensowanego

Rozpuść masło lub margarynę w naczyniu kuchenki mikrofalowej o średnicy 20 cm/8 kwadratów na maksymalnej mocy przez 40 sekund. Wmieszać okruszki ciasteczek i równomiernie rozprowadzić na dnie naczynia. Posypać wiórkami kokosowymi, a następnie wymieszanymi skórkami. Daktyle wymieszać z mąką, wiśniami i orzechami, posypać wierzch i zalać mlekiem. Kuchenka mikrofalowa na maksymalnej mocy przez 8 minut. Pozostawiamy do ostygnięcia na talerzu i kroimy w kwadraty.

Ciasto Krówkowe z Mikrofalówki

Na ciasto o średnicy 20 cm / 8

150 g / 5 uncji / 1¼ szklanki mąki zwykłej (uniwersalnej)

5 ml / 1 łyżeczka proszku do pieczenia

Szczypta sody oczyszczonej (soda oczyszczona)

Trochę soli

300 g / 10 uncji / 1 ¼ szklanki cukru pudru (drobnego)

50 g / 2 uncje / ¼ szklanki miękkiego masła lub margaryny

250 ml / 8 uncji / 1 szklanka mleka

Kilka kropli esencji waniliowej (ekstrakt)

1 jajko

100 g / 4 uncje / 1 szklanka posiekanej czystej (półsłodkiej) czekolady

50 g / 2 uncje / ½ szklanki posiekanych mieszanych orzechów

lukier czekoladowy do ciasta

Wymieszaj mąkę, proszek do pieczenia, sodę oczyszczoną i sól. Dodaj cukier i utrzyj masło lub margarynę, mleko i esencję waniliową na gładką masę. Dodaj jajko. Włóż do kuchenki mikrofalowej trzy czwarte czekolady na maksymalnym poziomie przez 2 minuty, aż się rozpuści, następnie wymieszaj ciasto z ciastem, aż będzie puszyste. Dodaj orzechy. Wlać mieszaninę do dwóch natłuszczonych i posypanych mąką naczyń do kuchenki mikrofalowej o średnicy 20 cm/8 i wstawić do mikrofalówki każdy osobno na 8 minut. Wyjąć z piekarnika, przykryć folią aluminiową i pozostawić do ostygnięcia na 10 minut, następnie wstawić do piekarnika do całkowitego wystygnięcia. Przełożyć połową lukru maślanego (lukieru), posmarować pozostałym lukrem i udekorować zarezerwowaną czekoladą.

Chleb Miodowy z Mikrofalówki

Na ciasto o średnicy 20 cm / 8

50 g / 2 uncje / ¼ szklanki masła lub margaryny

75 g / 3 uncje / ¼ szklanki czarnej melasy (melasa)

15 ml / 1 łyżka cukru pudru (drobnego)

100 g / 4 uncje / 1 szklanka mąki zwykłej (uniwersalnej)

5 ml / 1 łyżeczka sproszkowanego imbiru

2,5 ml / ½ łyżeczki mielonych przypraw (szarlotka)

2,5 ml / ½ łyżeczki sody oczyszczonej (soda oczyszczona)

1 ubite jajko

Umieść masło lub margarynę w misce i wstaw do mikrofalówki na 30 sekund. Wymieszaj melasę i cukier i gotuj w kuchence mikrofalowej na maksymalnej mocy przez 1 minutę. Połącz mąkę, przyprawy i sodę oczyszczoną. Dodaj jajko. Umieść mieszaninę w natłuszczonym naczyniu o pojemności 1,5 litra / 2½ pinty / 6 filiżanek i wstaw do kuchenki mikrofalowej nastawionej na wysoką temperaturę na 4 minuty. Studzimy na blaszce przez 5 minut, następnie przekładamy na metalową kratkę do wystygnięcia.

batoniki piernikowe do mikrofalówki

12 lat temu

Na ciasto:

150 g / 5 uncji / 2/3 szklanki miękkiego masła lub margaryny

50 g / 2 uncje / ¼ szklanki cukru pudru (bardzo drobnego)

100 g / 4 uncje / 1 szklanka mąki zwykłej (uniwersalnej)

2,5 ml / ½ łyżeczki proszku do pieczenia

5 ml / 1 łyżeczka sproszkowanego imbiru

Na dach:

15 g / ½ uncji / 1 łyżka masła lub margaryny

15 ml / 1 łyżka golden syropu (jasna kukurydziana)

Kilka kropli esencji waniliowej (ekstrakt)

5 ml / 1 łyżeczka sproszkowanego imbiru

50 g / 2 uncje / 1/3 szklanki cukru pudru (cukierniczego)

Aby przygotować ciasto, utrzyj masło lub margarynę z cukrem na jasną i puszystą masę. Dodaj mąkę, proszek do pieczenia i imbir i mieszaj, aż uzyskasz gładkie ciasto. Wciśnij do naczynia kuchenki mikrofalowej o powierzchni 20 cm / 8 kwadratowych i wstaw do kuchenki mikrofalowej na średnim poziomie przez 6 minut, aż masa będzie twarda.

Aby przygotować lukier, rozpuść masło lub margarynę z syropem. Dodaj ekstrakt waniliowy, imbir i cukier puder i ubijaj, aż masa będzie gęsta. Rozsmarować równomiernie na ciepłym cieście. Pozostawiamy do ostygnięcia na talerzu i kroimy w słupki lub kwadraty.

Złote ciasto z mikrofali

Na ciasto o średnicy 20 cm / 8

Na ciasto:

100 g / 4 uncje / ½ szklanki miękkiego masła lub margaryny

100 g / 4 uncje / ½ szklanki cukru pudru (bardzo drobnego)

2 jajka, lekko ubite

Kilka kropli esencji waniliowej (ekstrakt)

225 g / 8 uncji / 2 szklanki mąki zwykłej (uniwersalnej)

10 ml / 2 łyżeczki proszku do pieczenia

Trochę soli

60 ml / 4 łyżki mleka

Na lukier (lukier):

50 g / 2 uncje / ¼ szklanki miękkiego masła lub margaryny

100 g / 4 uncje / 2/3 szklanki cukru pudru (cukierniczego)

Kilka kropli esencji waniliowej (ekstrakt) (opcjonalnie)

Aby przygotować ciasto, utrzyj masło lub margarynę z cukrem na jasną i puszystą masę. Stopniowo ubijaj jajka, następnie dodaj mąkę, proszek do pieczenia i sól. Dolać tyle mleka, aby uzyskać gładką, lejącą konsystencję. Przelać do dwóch natłuszczonych i posypanych mąką naczyń do kuchenki mikrofalowej o średnicy 20 cm/8 i piec każde ciasto osobno na wysokim poziomie przez 6 minut. Wyjąć z piekarnika, przykryć folią aluminiową i pozostawić do ostygnięcia na 5 minut, następnie wstawić do piekarnika do całkowitego wystygnięcia.

Aby przygotować lukier, utrzyj masło lub margarynę na puszystą masę, następnie dodaj cukier puder i esencję waniliową, jeśli chcesz. Posmaruj ciastka połową lukru, a resztą posmaruj wierzch.

Ciasto z miodem i orzechami laskowymi z mikrofali

Na ciasto o średnicy 18 cm / 7

150 g / 5 uncji / 2/3 szklanki miękkiego masła lub margaryny

100 g / 4 uncje / ½ szklanki miękkiego brązowego cukru

45 ml / 3 łyżki klarownego miodu

3 ubite jajka

225 g / 8 uncji / 2 szklanki samorosnącej mąki (samorosnącej)

100 g / 4 uncje / 1 szklanka mielonych orzechów laskowych

45 ml / 3 łyżki mleka

Lukier maślany

Masło lub margarynę utrzeć z cukrem i miodem na jasną i puszystą masę. Stopniowo ubijaj jajka, następnie dodaj mąkę i orzechy laskowe oraz taką ilość mleka, aby uzyskać gładką konsystencję. Wlać do naczynia do kuchenki mikrofalowej o średnicy 18 cm/7 i gotować na średnim poziomie przez 7 minut. Studzimy na blaszce przez 5 minut, następnie przekładamy na metalową kratkę do wystygnięcia. Przekrój ciasto poziomo na pół, a następnie posmaruj lukrem maślanym (lukierem).

Batony musli do żucia w kuchence mikrofalowej

Daje około 10

100 g / 4 uncje / ½ szklanki masła lub margaryny

175 g / 6 uncji / ½ szklanki jasnego miodu

50 g / 2 uncje / 1/3 szklanki gotowych do spożycia suszonych moreli, posiekanych

50 g / 2 uncje / 1/3 szklanki daktyli bez pestek, posiekanych

75 g / 3 uncje / ¾ szklanki posiekanych mieszanych orzechów

100 g / 4 uncje / 1 szklanka płatków owsianych

100 g / 4 uncje / ½ szklanki miękkiego brązowego cukru

1 ubite jajko

25 g / 1 uncja / 2 łyżki mąki samorosnącej (samorosnącej)

Do miski włóż masło lub margarynę i miód i gotuj na wysokim poziomie przez 2 minuty. Wymieszaj wszystkie pozostałe składniki. Wlać do naczynia żaroodpornego o średnicy 20 cm / 8 i wstawić do mikrofalówki na 8 minut. Pozostawić do lekkiego ostygnięcia i pokroić w kwadraty lub plasterki.

Ciasto orzechowe z mikrofali

Na ciasto o średnicy 20 cm / 8

150 g / 5 uncji / 1¼ szklanki mąki zwykłej (uniwersalnej)

Trochę soli

5 ml / 1 łyżeczka cynamonu w proszku

75 g / 3 uncje / 1/3 szklanki miękkiego brązowego cukru

75 g / 3 uncje / 1/3 szklanki cukru pudru (drobnego)

75 ml / 5 łyżek oleju

25 g posiekanych orzechów włoskich

5 ml / 1 łyżeczka proszku do pieczenia

2,5 ml / ½ łyżeczki sody oczyszczonej (soda oczyszczona)

1 jajko

150 ml / ¼ pkt / 2/3 szklanki kwaśnego mleka

Wymieszaj mąkę, sól i połowę cynamonu. Dodajemy cukier, następnie dodajemy oliwę, aż składniki dobrze się połączą. Odlej 90 ml / 6 łyżek mieszanki i wymieszaj z orzechami włoskimi i pozostałym cynamonem. Do większości mieszanki dodaj proszek do pieczenia, sodę oczyszczoną, jajko i mleko i ubijaj, aż masa będzie gładka. Wlać główną mieszaninę do natłuszczonego i oprószonego mąką naczynia do kuchenki mikrofalowej o średnicy 20 cm / 8 i posypać na wierzch mieszanką orzechową. Kuchenka mikrofalowa na maksymalnej mocy przez 8 minut. Studzimy na talerzu przez 10 minut i podajemy gorące.

Ciasto z sokiem pomarańczowym do mikrofalówki

Na ciasto o średnicy 20 cm / 8

250 g / 9 uncji / 2 ¼ szklanki mąki zwykłej (uniwersalnej)

225 g / 8 uncji / 1 szklanka granulowanego cukru

15 ml / 1 łyżka proszku do pieczenia

2,5 ml / ½ łyżeczki soli

60 ml / 4 łyżki oleju

250 ml / 8 uncji / 2 szklanki soku pomarańczowego

2 oddzielne jajka

100 g / 4 uncje / ½ szklanki cukru pudru (bardzo drobnego)

Lukier z masłem pomarańczowym

Lukier Pomarańczowy Lukier

Połącz mąkę, cukier granulowany, proszek do pieczenia, sól, olej i połowę soku pomarańczowego i ubijaj, aż masa będzie bardzo gładka. Dodaj żółtka i pozostały sok pomarańczowy, aż uzyskasz jasny i puszysty krem. Białka ubijamy na sztywną pianę, następnie dodajemy połowę cukru pudru i ubijamy, aż masa będzie gęsta i błyszcząca. Do ciasta dodać pozostały cukier, a następnie ubite białka. Wlać do dwóch natłuszczonych i posypanych mąką naczyń do kuchenki mikrofalowej o średnicy 20 cm/8 i wstawić do mikrofalówki oddzielnie na maksymalną moc przez 6–8 minut. Wyjąć z piekarnika, przykryć folią aluminiową i pozostawić do ostygnięcia na 5 minut, następnie wstawić do piekarnika do całkowitego wystygnięcia. Posmaruj ciastka lukrem z masła pomarańczowego (lukierem) i posmaruj wierzch pomarańczowym lukrem.

mikrofalówka Pavlova

Na ciasto o średnicy 23 cm / 9

4 białka jaj

225 g / 8 uncji / 1 szklanka cukru pudru (bardzo drobnego)

2,5 ml / ½ łyżeczki esencji waniliowej (ekstrakt)

Kilka kropli octu winnego

150 ml / ¼ pkt / 2/3 szklanki gęstej śmietanki

1 pokrojony kiwi

100 g truskawek, pokrojonych w plasterki

Ubij białka, aż utworzą się miękkie szczyty. Posypać połową cukru i dobrze ubić. Stopniowo dodawaj resztę cukru, esencję waniliową i ocet i ubijaj, aż się rozpuszczą. Powstałą masę wylać na okrąg o średnicy 23 cm/9 cm, ułożony na kawałku pergaminu. Kuchenka mikrofalowa na maksymalnej mocy przez 2 minuty. Pozostawić w kuchence mikrofalowej przy otwartych drzwiczkach na 10 minut. Wyjmij z piekarnika, oderwij papier ochronny i pozostaw do ostygnięcia. Śmietanę ubić na sztywną pianę i wyłożyć na bezę. Na wierzchu atrakcyjnie ułóż owoce.

ciasto z mikrofali

Na ciasto o średnicy 20 cm / 8

225 g / 8 uncji / 2 szklanki mąki zwykłej (uniwersalnej)

15 ml / 1 łyżka proszku do pieczenia

50 g / 2 uncje / ¼ szklanki cukru pudru (bardzo drobnego)

100 g / 4 uncje / ½ szklanki masła lub margaryny

75ml / 5 łyżek pojedynczej śmietanki (jasnej)

1 jajko

Wymieszać mąkę, proszek do pieczenia i cukier, następnie obtaczać w maśle lub margarynie, aż mieszanina będzie przypominać bułkę tartą. Wymieszaj śmietanę i jajko, następnie dodawaj mąkę, aż uzyskasz miękkie ciasto. Włóż do natłuszczonego naczynia do kuchenki mikrofalowej o średnicy 20 cm/8 i włóż do kuchenki mikrofalowej na maksymalną moc przez 6 minut. Odstawiamy na 4 minuty, wyjmujemy z formy i studzimy na metalowej kratce.

Ciasto truskawkowe z mikrofali

Na ciasto o średnicy 20 cm / 8

900 g truskawek pokrojonych w grube plasterki

225 g / 8 uncji / 1 szklanka cukru pudru (bardzo drobnego)

225 g / 8 uncji / 2 szklanki mąki zwykłej (uniwersalnej)

15 ml / 1 łyżka proszku do pieczenia

175 g / 6 uncji / ¾ szklanki masła lub margaryny

75ml / 5 łyżek pojedynczej śmietanki (jasnej)

1 jajko

150 ml / ¼ pt / 2/3 szklanki śmietanki śmietankowej (ciężkiej), ubitej

Wymieszaj truskawki ze 175 g / 6 uncji / ¾ szklanki cukru i wstaw do lodówki na co najmniej 1 godzinę.

Połącz mąkę, proszek do pieczenia i pozostały cukier i wcieraj 100 g masła lub margaryny, aż mieszanina będzie przypominać bułkę tartą. Wymieszaj śmietanę i jajko, następnie dodawaj mąkę, aż uzyskasz miękkie ciasto. Włóż do natłuszczonego naczynia do kuchenki mikrofalowej o średnicy 20 cm/8 i włóż do kuchenki mikrofalowej na maksymalną moc przez 6 minut. Odstaw na 4 minuty, następnie wyjmij z formy i podziel na pół, gdy są jeszcze gorące. Ostudzić.

Obie powierzchnie cięcia posmaruj pozostałym masłem lub margaryną. Na spód wyłóż jedną trzecią bitej śmietany, a na wierzch ułóż trzy czwarte truskawek. Przykryj kolejną trzecią część kremu i połóż na wierzchu drugie ciastko. Na wierzch połóż pozostałą śmietanę i truskawki.

Biszkopt z mikrofali

Na ciasto o średnicy 18 cm / 7

150 g / 5 uncji / 1¼ szklanki mąki samorosnącej (samorosnącej)

100 g / 4 uncje / ½ szklanki masła lub margaryny

100 g / 4 uncje / ½ szklanki cukru pudru (bardzo drobnego)

2 jajka

30 ml / 2 łyżki mleka

Zmiksuj wszystkie składniki, aż będą gładkie. Wlać do miski o średnicy 18 cm / 7 cm wyłożonej dnem, na talerzu przeznaczonym do kuchenki mikrofalowej i włączyć mikrofalę na średnim poziomie przez 6 minut. Studzimy na blasze przez 5 minut, następnie przekładamy na metalową kratkę do wystygnięcia.

Batony mikrofalowe Sultana

12 lat temu

175 g / 6 uncji / ¾ szklanki masła lub margaryny

100 g / 4 uncje / ½ szklanki cukru pudru (bardzo drobnego)

15 ml / 1 łyżka golden syropu (jasna kukurydziana)

75 g / 3 uncje / ½ szklanki sułtanek (złotych rodzynek)

5 ml / 1 łyżeczka startej skórki z cytryny

225 g / 8 uncji / 2 szklanki samorosnącej mąki (samorosnącej)

Na lukier (lukier):
175 g / 6 uncji / 1 szklanka cukru pudru (cukierniczego)

30 ml / 2 łyżki soku z cytryny

Podgrzewaj masło lub margarynę, rafinowany cukier i syrop na średnim ogniu przez 2 minuty. Wymieszaj rodzynki i skórkę cytrynową. Dodaj mąkę. Wlać do natłuszczonej i wyłożonej wykładziną miski o średnicy 20 cm / 8 cali, umieścić w kwadratowym naczyniu przeznaczonym do kuchenki mikrofalowej i wstawić do kuchenki mikrofalowej na średnim poziomie przez 8 minut, aż masa będzie twarda. Pozwól mu trochę ostygnąć.

Do miski wsyp cukier puder i pośrodku zrób wgłębienie. Stopniowo dodawaj sok z cytryny, aż uzyskasz gładką polewę. Wylać na jeszcze ciepłe ciasto i pozostawić do całkowitego ostygnięcia.

Ciasteczka czekoladowe do mikrofalówki

24 lata temu

225 g / 8 uncji / 1 szklanka miękkiego masła lub margaryny

100 g / 4 uncje / ½ szklanki ciemnobrązowego cukru

5 ml / 1 łyżeczka esencji waniliowej (ekstrakt)

225 g / 8 uncji / 2 szklanki samorosnącej mąki (samorosnącej)

50 g / 2 uncje / ½ szklanki sproszkowanej czekolady pitnej

Masło, cukier i esencję waniliową utrzeć na jasną i puszystą masę. Stopniowo mieszaj mąkę z czekoladą i ubijaj, aż uzyskasz gładkie ciasto. Uformuj kulki wielkości orzecha włoskiego, ułóż po sześć na raz na natłuszczonej blasze do pieczenia w kuchence mikrofalowej (ciasteczka) i lekko spłaszcz widelcem. Każdą partię podgrzewaj w kuchence mikrofalowej na maksymalnym poziomie przez 2 minuty, aż wszystkie ciasteczka się upieką. Studzimy na metalowej kratce.

Ciasteczka kokosowe do mikrofalówki

24 lata temu

50 g / 2 uncje / ¼ szklanki miękkiego masła lub margaryny

75 g / 3 uncje / 1/3 szklanki cukru pudru (drobnego)

1 jajko, lekko ubite

2,5 ml / ½ łyżeczki esencji waniliowej (ekstrakt)

75 g / 3 uncje / ¾ szklanki mąki zwykłej (uniwersalnej)

25 g / 1 uncja / ¼ szklanki suszonego kokosa (tartego)

Trochę soli

30 ml / 2 łyżki dżemu truskawkowego (konfitura)

Masło lub margarynę utrzeć z cukrem na jasną i puszystą masę. Dodawać na zmianę jajko i esencję waniliową z mąką, kokosem i solą i miksować do uzyskania gładkiego ciasta. Uformuj kulki wielkości orzecha włoskiego i ułóż po sześć na raz na natłuszczonej blasze do pieczenia w kuchence mikrofalowej (biszkoptowej) i lekko dociśnij widelcem, aby lekko je spłaszczyć. Kuchenkę mikrofalową na maksymalnej mocy przez 3 minuty, aż masa będzie twarda. Przełożyć na metalową kratkę i na środek każdego ciasteczka nałożyć łyżkę dżemu. Powtórz z pozostałymi ciasteczkami.

Florentynki z mikrofali

12 lat temu

50 g / 2 uncje / ¼ szklanki masła lub margaryny

50 g / 2 uncje / ¼ szklanki cukru demerara

15 ml / 1 łyżka golden syropu (jasna kukurydziana)

50 g / 2 uncje / ¼ szklanki glazurowanych wiśni (kandyzowanych)

75 g posiekanych orzechów włoskich

25 g / 1 uncja / 3 łyżki sułtanek (złotych rodzynek)

25 g / 1 uncja / ¼ szklanki płatków migdałowych (płatki)

30 ml / 2 łyżki posiekanej mieszanej skórki (kandyzowanej)

25 g / 1 uncja / ¼ szklanki mąki zwykłej (uniwersalnej)

100 g / 4 uncje / 1 filiżanka zwykłej (półsłodkiej) czekolady, posiekanej (opcjonalnie)

Podgrzewaj w kuchence mikrofalowej masło lub margarynę, cukier i syrop na maksymalnej mocy przez 1 minutę, aż się rozpuszczą. Dodaj wiśnie, orzechy włoskie, rodzynki i migdały, dodaj skórkę i mąkę. Nałóż łyżką mieszanki, w dużych odstępach, na pergamin (woskowany) papier i smaż po cztery na raz na wysokim poziomie przez 1,5 minuty każdą partię. Przytnij brzegi nożem, studź na papierze przez 3 minuty, a następnie przełóż na metalową kratkę, aby dokończyć studzenie. Powtórz z pozostałymi ciasteczkami. W razie potrzeby rozpuść czekoladę w misce przez 30 sekund i rozprowadź po jednej stronie Florentines, a następnie pozostaw do zastygnięcia.

Ciastka wiśniowo-orzechowe z mikrofali

24 lata temu

100 g / 4 uncje / ½ szklanki miękkiego masła lub margaryny

100 g / 4 uncje / ½ szklanki cukru pudru (bardzo drobnego)

1 ubite jajko

175 g / 6 uncji / 1½ szklanki mąki zwykłej (uniwersalnej)

50 g / 2 uncje / ½ szklanki mielonych orzechów laskowych

100 g / 4 uncje / ½ szklanki glazurowanych wiśni (kandyzowanych)

Masło lub margarynę utrzeć z cukrem na jasną i puszystą masę. Powoli dodawaj jajko, a następnie mąkę, orzechy laskowe i wiśnie. Umieść równomiernie rozmieszczone łyżki na blachach do pieczenia w kuchence mikrofalowej (herbatniki) i podgrzewaj w kuchence mikrofalowej po osiem ciastek (ciasteczek) naraz na wysokim poziomie przez około 2 minuty, aż staną się twarde.

Ciasteczka Sultana z mikrofalówki

24 lata temu

225 g / 8 uncji / 2 szklanki mąki zwykłej (uniwersalnej)

5 ml / 1 łyżeczka przypraw mielonych (szarlotka)

175 g / 6 uncji / ¾ szklanki miękkiego masła lub margaryny

100 g / 4 uncje / 2/3 szklanki sułtanek (złotych rodzynek)

175 g / 6 uncji / ¾ szklanki cukru demerara

Wymieszaj mąkę i wymieszane przyprawy, następnie dodaj masło lub margarynę, rodzynki i 100 g / 4 uncje / ½ szklanki cukru, aby uzyskać miękkie ciasto. Rozwałkuj dwie foremki na kiełbaski o długości około 18 cm / 7 cm i obtocz w pozostałym cukrze. Pokrój w kliny i ułóż po sześć na natłuszczonej blasze do pieczenia i włóż do mikrofalówki na wysoką temperaturę przez 2 minuty. Studzimy na metalowej kratce i powtarzamy z pozostałymi ciasteczkami.

Chleb bananowy z mikrofali

Na bochenek o wadze 450 g / 1 funt

75 g / 3 uncje / 1/3 szklanki miękkiego masła lub margaryny

175 g / 6 uncji / ¾ szklanki cukru pudru (drobnego)

2 jajka, lekko ubite

200 g / 7 uncji / 1 ¾ szklanki mąki zwykłej (uniwersalnej)

10 ml / 2 łyżeczki proszku do pieczenia

2,5 ml / ½ łyżeczki sody oczyszczonej (soda oczyszczona)

Trochę soli

2 dojrzałe banany

15 ml / 1 łyżka soku z cytryny

60 ml / 4 łyżki mleka

50 g / 2 uncje / ½ szklanki posiekanych orzechów włoskich

Masło lub margarynę utrzeć z cukrem na jasną i puszystą masę. Stopniowo ubić jajka, następnie dodać mąkę, proszek do pieczenia, sodę oczyszczoną i sól. Banany rozgnieść z sokiem z cytryny i wymieszać z mlekiem i orzechami. Przenieść do natłuszczonej i oprószonej mąką formy do pieczenia chleba (450 g / 1 funt) i wstawić do mikrofalówki na maksymalną moc przez 12 minut. Wyjąć z piekarnika, przykryć folią aluminiową i pozostawić do ostygnięcia na 10 minut, następnie wstawić do piekarnika do całkowitego wystygnięcia.

Chleb serowy z mikrofali

Na bochenek o wadze 450 g / 1 funt

50 g / 2 uncje / ¼ szklanki masła lub margaryny

250 ml / 8 uncji / 1 szklanka mleka

2 jajka, lekko ubite

225 g / 8 uncji / 2 szklanki mąki zwykłej (uniwersalnej)

10 ml / 2 łyżeczki proszku do pieczenia

10 ml / 2 łyżeczki musztardy w proszku

2,5 ml / ½ łyżeczki soli

175 g / 6 uncji / 1 ½ szklanki startego sera Cheddar

Rozpuść masło lub margarynę w małej misce na wysokim poziomie przez 1 minutę. Dodaj mleko i jajka. Wymieszaj mąkę, proszek do pieczenia, musztardę, sól i 100 g / 4 uncje / 1 szklankę sera. Mieszaj mieszaninę mleka, aż będzie gładka. Przełożyć do formy do ciasta angielskiego (patelni) i wstawić do mikrofalówki na wysoką temperaturę na 9 minut. Posypać pozostałym serem, przykryć folią i odstawić na 20 minut.

Chleb orzechowy z mikrofali

Na bochenek o wadze 450 g / 1 funt

225 g / 8 uncji / 2 szklanki mąki zwykłej (uniwersalnej)

300 g / 10 uncji / 1 ¼ szklanki cukru pudru (drobnego)

5 ml / 1 łyżeczka proszku do pieczenia

Trochę soli

100 g / 4 uncje / ½ szklanki miękkiego masła lub margaryny

150 ml / ¼ pkt / 2/3 szklanki mleka

2,5 ml / ½ łyżeczki esencji waniliowej (ekstrakt)

4 białka jaj

50 g / 2 uncje / ½ szklanki posiekanych orzechów włoskich

Wymieszaj mąkę, cukier, drożdże i sól. Dodać masło lub margarynę, następnie mleko i esencję waniliową. Dodaj białka i dodaj orzechy. Przenieść do natłuszczonej i oprószonej mąką formy do pieczenia chleba (450 g / 1 funt) i wstawić do mikrofalówki na maksymalną moc przez 12 minut. Wyjąć z piekarnika, przykryć folią aluminiową i pozostawić do ostygnięcia na 10 minut, następnie wstawić do piekarnika do całkowitego wystygnięcia.

Nieupieczone ciasto Amaretti

Na ciasto o średnicy 20 cm / 8

100 g / 4 uncje / ½ szklanki masła lub margaryny

175 g / 6 uncji / 1 ½ szklanki zwykłej czekolady (półsłodkiej)

Amaretti Biscuits 75 g / 3 uncje (ciasteczka), grubo pokruszone

175 g / 6 uncji / 1½ szklanki posiekanych orzechów włoskich

50 g / 2 uncje / ½ szklanki orzeszków piniowych

75 g / 3 uncje / 1/3 szklanki posiekanych glazurowanych (kandyzowanych) wiśni

30 ml / 2 łyżki Grand Marnier

225 g / 8 uncji / 1 szklanka serka Mascarpone

Rozpuść masło lub margarynę i czekoladę w żaroodpornej misce ustawionej nad garnkiem z wrzącą wodą. Zdjąć z ognia i dodać ciastka, orzechy i wiśnie. Przelać do formy kanapkowej (blachy do pieczenia) wyłożonej folią spożywczą (folią) i delikatnie docisnąć. Przechowywać w lodówce przez 1 godzinę, aż będzie twarde. Przełożyć na talerz do serwowania i zdjąć folię. Ubij Grand Marnier z mascarpone i umieść go na wierzchu.

Amerykańskie chrupiące batoniki ryżowe

Wychodzi około 24 taktów

50 g / 2 uncje / ¼ szklanki masła lub margaryny

225 g białych pianek marshmallow

5 ml / 1 łyżeczka esencji waniliowej (ekstrakt)

150 g / 5 uncji / 5 filiżanek dmuchanych płatków ryżowych

Rozpuść masło lub margarynę w dużym rondlu na małym ogniu. Dodaj pianki i gotuj, ciągle mieszając, aż pianki się rozpuszczą, a mieszanina stanie się syropowata. Zdjąć z ognia i dodać esencję waniliową. Mieszaj płatki ryżowe, aż będą równomiernie pokryte. Wciśnij do kwadratowej formy o średnicy 23 cm/9 i pokrój w słupki. Pozostaw do ustawienia.

kwadraty adamaszku

12 lat temu

50 g / 2 uncje / ¼ szklanki masła lub margaryny

175 g / 6 uncji / 1 mała puszka skondensowanego mleka

15 ml / 1 łyżka miodu klarownego

45 ml / 3 łyżki soku jabłkowego

50 g / 2 uncje / ¼ szklanki miękkiego brązowego cukru

50 g / 2 uncje / 1/3 szklanki sułtanek (złotych rodzynek)

225 g / 8 uncji / 11/3 szklanki gotowych do spożycia suszonych moreli, posiekanych

100 g / 4 uncje / 1 szklanka suszonego kokosa (tartego)

225 g / 8 uncji / 2 szklanki płatków owsianych

Masło lub margarynę rozpuść z mlekiem, miodem, sokiem jabłkowym i cukrem. Dodaj resztę składników. Wciśnij do natłuszczonej tortownicy o średnicy 25 cm/12 cm i wstaw do lodówki przed pocięciem na kwadraty.

Szwajcarskie ciasto damasceńskie

Na ciasto o średnicy 23 cm / 9

400 g / 14 uncji / 1 duża puszka Połówki moreli, odsączone i zachowany sok

50 g / 2 uncje / ½ szklanki kremowego proszku

75 g dżemu morelowego (z puszki)

75 g / 3 uncje / ½ szklanki gotowych do spożycia suszonych moreli, posiekanych

400 g / 14 uncji / 1 duża puszka mleka skondensowanego

225 g / 8 uncji / 1 szklanka twarogu

45 ml / 3 łyżki soku z cytryny

1 bułka szwajcarska, pokrojona w plasterki

Przygotuj sok morelowy z wodą, aby uzyskać 500 ml / 17 uncji / 2¼ filiżanki. Śmietankę w proszku wymieszać na pastę z odrobiną płynu, a resztę doprowadzić do wrzenia. Dodaj pastę budyniową i dżem morelowy i gotuj, aż masa będzie gęsta i błyszcząca, ciągle mieszając. Zmiel morele z puszki i dodaj do mieszanki z suszonymi morelami. Pozostawić do ostygnięcia, od czasu do czasu mieszając.

Mleko skondensowane, twarożek i sok z cytryny dobrze wymieszać i dodać do żelatyny. Formę do pieczenia o średnicy 23 cm (formę do pieczenia) wyłóż folią spożywczą (folią) i ułóż plasterki bułki szwajcarskiej (galaretkę) na dnie i bokach formy. Dodaj mieszankę ciasta i wstaw do lodówki, aż masa stwardnieje. Ostrożnie wyjmij z formy, gdy będzie gotowy do podania.

Połamane Ciasta Biszkoptowe

12 lat temu

100 g / 4 uncje / ½ szklanki masła lub margaryny

30 ml / 2 łyżki cukru pudru (drobnego)

15 ml / 1 łyżka golden syropu (jasna kukurydziana)

30 ml / 2 łyżki proszku kakaowego (czekolady bez cukru).

225 g / 8 uncji / 2 szklanki okruchów ciasteczek (herbatnik)

50 g / 2 uncje / 1/3 szklanki sułtanek (złotych rodzynek)

Rozpuść masło lub margarynę z cukrem i syropem, nie gotując. Dodać kakao, ciastka i rodzynki. Przełożyć do natłuszczonej formy o wymiarach 25 cm/10 cm, ostudzić i przechowywać w lodówce do stężenia. Pokrój w kwadraty.

Nieupieczone ciasto maślane

Na ciasto o średnicy 23 cm / 9

30 ml / 2 łyżki śmietany w proszku

100 g / 4 uncje / ½ szklanki cukru pudru (bardzo drobnego)

450 ml / ¾ pt / 2 szklanki mleka

175 ml maślanki / 6 uncji / ¾ szklanki maślanki

25 g / 1 uncja / 2 łyżki masła lub margaryny

400 g / 12 uncji kruchych ciasteczek (ciasteczek), pokruszonych

120 ml / 4 uncje / ½ szklanki gęstej śmietanki

Ubij śmietanę w proszku z cukrem, aż z odrobiną mleka utworzy się pasta. Pozostałe mleko zagotuj. Wymieszaj pastę, całość przelej na patelnię i gotuj na małym ogniu przez około 5 minut, aż zgęstnieje. Dodać maślankę i masło lub margarynę. Rozłóż warstwy pokruszonych ciasteczek i mieszanki śmietany w formie do pieczenia o średnicy 23 cm (formie do pieczenia) wyłożonej folią spożywczą lub w szklanym naczyniu. Delikatnie dociśnij i przechowuj w lodówce, aż masa będzie twarda. Śmietankę ubijamy na sztywną pianę, po czym układamy na cieście kremowe rozetki. Podawać z talerza lub ostrożnie podnosić do podania.

plasterek kasztana

Na bochenek o masie 900 g / 2 funty

225 g / 8 uncji / 2 szklanki zwykłej czekolady (półsłodkiej)

100 g / 4 uncje / ½ szklanki miękkiego masła lub margaryny

100 g / 4 uncje / ½ szklanki cukru pudru (bardzo drobnego)

450 g / 1 lb / 1 duża puszka niesłodzonego puree z kasztanów

25 g / 1 uncja / ¼ szklanki mąki ryżowej

Kilka kropli esencji waniliowej (ekstrakt)

150 ml / ¼ pt / 2/3 szklanki bitej śmietany, bita

starta czekolada do dekoracji

Rozpuść czystą czekoladę w żaroodpornej misce ustawionej nad garnkiem z wrzącą wodą. Masło lub margarynę utrzeć z cukrem na jasną i puszystą masę. Dodać puree z kasztanów, czekoladę, mąkę ryżową i esencję waniliową. Przełożyć do natłuszczonej i wyłożonej papierem formy do pieczenia chleba o masie 900 g (2 funty) i przechowywać w lodówce do stwardnienia. Przed podaniem udekorować bitą śmietaną i startą czekoladą.

Ciasto Biszkoptowe Kasztanowe

Na ciasto o masie 900 g / 2 funty

Na ciasto:

400g / 14 uncji / 1 duża puszka słodzonego purée z kasztanów

100 g / 4 uncje / ½ szklanki miękkiego masła lub margaryny

1 jajko

Kilka kropli esencji waniliowej (ekstrakt)

30 ml / 2 łyżki brandy

24 biszkopty (ciasteczka)

Dla glazury:

30 ml / 2 łyżki proszku kakaowego (czekolady bez cukru).

15 ml / 1 łyżka cukru pudru (drobnego)

30 ml / 2 łyżki wody

Na krem maślany:

100 g / 4 uncje / ½ szklanki miękkiego masła lub margaryny

100 g / 4 uncje / 2/3 szklanki cukru pudru (cukierniczego), przesianego

15 ml / 1 łyżka esencji kawowej (ekstraktu)

Aby przygotować ciasto, ubić puree z kasztanów, masło lub margarynę, jajko, esencję waniliową i 15 ml / 1 łyżkę brandy i ubić na gładką masę. Natłuść i wyłóż formę do ciasta o masie 900 g / 2 funty (formę do pieczenia), a następnie wyłóż spód i boki palcami biszkoptu. Posyp ciastka resztą brandy i połóż mieszaninę kasztanów na środku. Schłodź, aż będzie twarde.

Wyjmij z puszki i usuń papierową warstwę. Składniki na polewę rozpuścić w żaroodpornej misce ustawionej nad garnkiem z wrzącą wodą, mieszając, aż masa będzie gładka. Lekko ostudzić i rozsmarować większość lukru na wierzchu ciasta. Składniki kremu ubić na gładką masę, a następnie wymieszać wokół krawędzi ciasta. Skropić glazurą zarezerwowaną na koniec.

Batony czekoladowe i migdałowe

12 lat temu

175 g / 6 uncji / 1½ szklanki zwykłej (półsłodkiej) czekolady, posiekanej

3 jajka, oddzielone

120 ml / 4 uncje / ½ szklanki mleka

10 ml / 2 łyżeczki żelatyny w proszku

120 ml / 4 uncje / ½ szklanki śmietanki podwójnej (ciężkiej)

45 ml / 3 łyżki cukru pudru (drobnego)

60 ml / 4 łyżki płatków migdałowych (płatki), prażone

Rozpuść czekoladę w żaroodpornej misce ustawionej nad garnkiem z wrzącą wodą. Zdjąć z ognia i dodać żółtka. W osobnym rondelku zagotuj mleko i dodaj żelatynę. Wmieszać masę czekoladową i dodać śmietankę. Białka ubić na sztywną pianę, następnie dodać cukier i ponownie ubijać, aż masa będzie sztywna i lśniąca. Złożyć mieszaninę. Wlać do natłuszczonej i wyłożonej papierem formy do pieczenia chleba (450 g / 1 funt), posypać prażonymi migdałami i pozostawić do ostygnięcia, następnie wstawić do lodówki na co najmniej 3 godziny, aby stwardniało. Odwróć i pokrój w grube plastry i podawaj.

Kruche Ciasto Czekoladowe

Na bochenek o wadze 450 g / 1 funt

150 g / 5 uncji / 2/3 szklanki masła lub margaryny

30 ml / 2 łyżki golden syropu (jasna kukurydza)

175 g / 6 uncji / 1 ½ szklanki okruchów herbatników trawiennych (krakersy Graham)

50 g / 2 uncje / 2 szklanki dmuchanych płatków ryżowych

25 g / 1 uncja / 3 łyżki sułtanek (złotych rodzynek)

25 g / 1 uncja / 2 łyżki posiekanych glazurowanych (kandyzowanych) wiśni

225 g / 8 uncji / 2 szklanki kawałków czekolady

30 ml / 2 łyżki wody

175 g / 6 uncji / 1 szklanka cukru pudru (cukierniczego), przesianego

Rozpuść 100 g masła lub margaryny z syropem, zdejmij z ognia i dodaj pokruszone ciasteczka, płatki zbożowe, rodzynki, wiśnie i trzy czwarte kawałków czekolady. Wlać do natłuszczonej i wyłożonej papierem formy do pieczenia chleba (450 g / 1 funt) i wygładzić powierzchnię. Schłodź, aż będzie twarde. Rozpuść pozostałe masło lub margarynę z pozostałą czekoladą i wodą. Dodaj cukier puder i mieszaj, aż masa będzie gładka. Wyjmij ciasto z formy i przekrój je wzdłuż na pół. Przełóż połową polewy czekoladowej (lukieru), wyłóż na talerz i polej pozostałym polewą. Schłodzić przed podaniem.

Kwadraty z okruchów czekolady

Daje około 24

225 g herbatników pełnoziarnistych (krakersy Graham)

100 g / 4 uncje / ½ szklanki masła lub margaryny

25 g / 1 uncja / 2 łyżki cukru pudru (drobnego)

15 ml / 1 łyżka golden syropu (jasna kukurydziana)

45 ml / 3 łyżki proszku kakaowego (czekolady bez cukru).

200 g / 7 uncji / 1¾ szklanki polewy czekoladowej do ciasta

Umieść ciasteczka w plastikowej torbie i spłaszcz wałkiem do ciasta. Na patelni roztapiamy masło lub margarynę, dodajemy cukier i syrop. Zdejmij z ognia i dodaj pokruszone ciasteczka oraz kakao. Przełóż do natłuszczonej i wyłożonej papierem kwadratowej formy o wymiarach 18 cm/7 cm i równomiernie dociśnij. Ostudzić i przechowywać w lodówce, aż będzie twarde.

Rozpuść czekoladę w żaroodpornej misce ustawionej nad garnkiem z wrzącą wodą. Rozsmaruj na biszkopcie, w miarę upływu czasu rysując linie widelcem. Gdy stwardnieją, pokroić w kwadraty.

Czekoladowe Ciasto Lodowe

Na ciasto o wadze 450 g / 1 funt

100 g / 4 uncje / ½ szklanki miękkiego brązowego cukru

100 g / 4 uncje / ½ szklanki masła lub margaryny

50 g / 2 uncje / ½ szklanki sproszkowanej czekolady pitnej

25 g / 1 uncja / ¼ szklanki proszku kakaowego (niesłodzonej czekolady).

30 ml / 2 łyżki golden syropu (jasna kukurydza)

150 g (5 uncji) krakersów trawiennych (Graham Crackers) lub krakersów bogatych w herbatę

50 g / 2 uncje / ¼ szklanki glazurowanej wiśni (kandyzowanej) lub mieszanki orzechowo-rodzynkowej

100 g / 4 uncje / 1 filiżanka mlecznej czekolady

Na patelnię włóż cukier, masło lub margarynę, wypij czekoladę, kakao i syrop i delikatnie podgrzewaj, aż masło się rozpuści, dobrze mieszając. Zdjąć z ognia i pokruszyć na ciasteczka. Wymieszaj wiśnie lub orzechy włoskie i rodzynki i włóż do foremki do pieczenia o masie 450 g (1 funt). Pozwól mu ostygnąć w lodówce.

Rozpuść czekoladę w żaroodpornej misce ustawionej nad garnkiem z wrzącą wodą. Wyłożyć na ostudzone ciasto i pokroić, gdy będzie już twarde.

Ciasto Czekoladowo-Owocowe

Na ciasto o średnicy 18 cm / 7

100 g / 4 uncje / ½ szklanki roztopionego masła lub margaryny

100 g / 4 uncje / ½ szklanki miękkiego brązowego cukru

225 g / 8 uncji / 2 szklanki okruchów herbatników trawiennych (krakersy Graham)

50 g / 2 uncje / 1/3 szklanki sułtanek (złotych rodzynek)

45 ml / 3 łyżki proszku kakaowego (czekolady bez cukru).

1 ubite jajko

Kilka kropli esencji waniliowej (ekstrakt)

Masło lub margarynę wymieszać z cukrem, dodać pozostałe składniki i dobrze ubić. Przełożyć do natłuszczonej formy do kanapek o średnicy 18 cm (formy do pieczenia) i wygładzić powierzchnię. Przechowywać w lodówce do twardości.

Kwadraty z czekoladą i imbirem

24 lata temu

100 g / 4 uncje / ½ szklanki masła lub margaryny

100 g / 4 uncje / ½ szklanki miękkiego brązowego cukru

30 ml / 2 łyżki proszku kakaowego (czekolady bez cukru).

1 jajko, lekko ubite

225 g / 8 uncji / 2 filiżanki Okruchów Piernikowych Ciasteczek (biszkopt)

15 ml / 1 łyżka krystalizowanego (kandyzowanego) imbiru, posiekanego

Rozpuść masło lub margarynę, dodaj cukier i kakao, aż składniki dobrze się połączą. Wymieszaj jajko, bułkę tartą i imbir. Wciśnij do szwajcarskiej formy do bułek (patelnia Jello) i przechowuj w lodówce, aż będzie twarda. Pokrój w kwadraty.

Luksusowe kwadraty z czekoladą i imbirem

24 lata temu

100 g / 4 uncje / ½ szklanki masła lub margaryny

100 g / 4 uncje / ½ szklanki miękkiego brązowego cukru

30 ml / 2 łyżki proszku kakaowego (czekolady bez cukru).

1 jajko, lekko ubite

225 g / 8 uncji / 2 filiżanki Okruchów Piernikowych Ciasteczek (biszkopt)

15 ml / 1 łyżka krystalizowanego (kandyzowanego) imbiru, posiekanego

100 g / 4 uncje / 1 szklanka zwykłej czekolady (półsłodkiej)

Rozpuść masło lub margarynę, dodaj cukier i kakao, aż składniki dobrze się połączą. Wymieszaj jajko, bułkę tartą i imbir. Wciśnij do szwajcarskiej formy do bułek (patelnia Jello) i przechowuj w lodówce, aż będzie twarda.

Rozpuść czekoladę w żaroodpornej misce ustawionej nad garnkiem z wrzącą wodą. Posmaruj ciasto i pozostaw do zastygnięcia. Pokrój w kwadraty, gdy czekolada będzie już prawie twarda.

Ciasteczka Czekoladowe Miodowe

12 lat temu

225 g / 8 uncji / 1 szklanka masła lub margaryny

30 ml / 2 łyżki klarownego miodu

90 ml / 6 łyżek proszku karobowego lub kakaowego (czekolada bez cukru).

225 g / 8 uncji / 2 szklanki okruchów słodkich ciastek (herbatnik)

Rozpuść masło lub margarynę, miód i proszek karobowy lub kakao w rondlu, aż dobrze się wymieszają. Wymieszaj z okruchami biszkoptu. Przełożyć do natłuszczonej łyżką formy kwadratowej o boku 20 cm / 8, ostudzić i pokroić w kwadraty.

Piętrowe ciasto czekoladowe

Na ciasto o wadze 450 g / 1 funt

300 ml / ½ pt / 1¼ szklanki śmietanki podwójnej (ciężkiej)

225 g / 8 uncji / 2 szklanki zwykłej (półsłodkiej) czekolady, pokruszonej

5 ml / 1 łyżeczka esencji waniliowej (ekstrakt)

20 zwykłych ciasteczek (ciasteczek)

Na patelni podgrzej śmietanę na małym ogniu, aż prawie się zagotuje. Zdjąć z ognia, dodać czekoladę, wymieszać, przykryć i odstawić na 5 minut. Dodaj esencję waniliową i dobrze wymieszaj, a następnie wstaw do lodówki, aż mieszanina zacznie gęstnieć.

Formę do pieczenia o masie 450 g / 1 funt (formę do pieczenia) wyłóż folią spożywczą. Na spodzie rozsmaruj warstwę czekolady, a na wierzchu ułóż kilka ciasteczek. Kontynuuj rozprowadzanie czekolady i ciasteczek, aż się skończą. Zakończ warstwą czekolady. Przykryć folią spożywczą i wstawić do lodówki na co najmniej 3 godziny. Wyjmij ciasto z formy i usuń folię spożywczą.

dobre batony czekoladowe

12 lat temu

100 g / 4 uncje / ½ szklanki masła lub margaryny

30 ml / 2 łyżki golden syropu (jasna kukurydza)

30 ml / 2 łyżki proszku kakaowego (czekolady bez cukru).

Opakowanie 225 g / 8 uncji / 1 Herbatniki lub zwykłe ciasteczka (ciasteczka), grubo pokruszone

100 g / 4 uncje / 1 filiżanka zwykłej (półsłodkiej) czekolady, posiekanej

Rozpuść masło lub margarynę z syropem, zdejmij z ognia, dodaj kakao i pokruszone ciasteczka. Rozłóż mieszaninę na kwadratowej patelni o średnicy 23 cm/9 i wypoziomuj powierzchnię. Czekoladę rozpuść w żaroodpornej misce ustawionej nad garnkiem z wrzącą wodą i posmaruj nią wierzch. Pozostawić do lekkiego ostygnięcia, pokroić w słupki lub kwadraty i przechowywać w lodówce, aż stwardnieje.

Czekoladowe Praliny Kwadraty

12 lat temu

100 g / 4 uncje / ½ szklanki masła lub margaryny

30 ml / 2 łyżki cukru pudru (drobnego)

15 ml / 1 łyżka golden syropu (jasna kukurydziana)

15 ml / 1 łyżka proszku czekolady pitnej

225 g herbatników pełnoziarnistych (krakersy Graham), pokruszonych

200 g / 7 uncji / 1¾ szklanki zwykłej czekolady (półsłodkiej)

100 g / 4 uncje / 1 szklanka posiekanych mieszanych orzechów

W rondelku roztapiamy masło lub margarynę, cukier, syrop i czekoladę pitną. Doprowadzić do wrzenia i gotować przez 40 sekund. Zdjąć z ognia i dodać krakersy i orzechy. Wciśnij do natłuszczonej formy do ciasta o wymiarach 28 x 18 cm / 11 x 7 (forma do pieczenia). Rozpuść czekoladę w żaroodpornej misce ustawionej nad garnkiem z wrzącą wodą. Rozsmaruj na ciasteczkach i pozostaw do ostygnięcia, a następnie włóż do lodówki na 2 godziny przed pocięciem na kwadraty.

Chrupki kokosowe

12 lat temu

100 g / 4 uncje / 1 szklanka zwykłej czekolady (półsłodkiej)

30 ml / 2 łyżki mleka

30 ml / 2 łyżki golden syropu (jasna kukurydza)

100 g / 4 uncje / 4 szklanki dmuchanych płatków ryżowych

50 g / 2 uncje / ½ szklanki suszonego kokosa (tartego)

W rondelku rozpuścić czekoladę, mleko i syrop. Zdjąć z ognia i dodać płatki zbożowe i kokos. Wylewamy do papierowych forminek na ciasto (papierki do babeczek) i pozostawiamy do stwardnienia.

Crunch Bary

12 lat temu

175 g / 6 uncji / ¾ szklanki masła lub margaryny

50 g / 2 uncje / ¼ szklanki miękkiego brązowego cukru

30 ml / 2 łyżki golden syropu (jasna kukurydza)

45 ml / 3 łyżki proszku kakaowego (czekolady bez cukru).

75 g / 3 uncje / ½ szklanki rodzynek lub rodzynek (złotych rodzynek)

350 g / 12 uncji / 3 filiżanki chrupiących płatków owsianych

225 g / 8 uncji / 2 szklanki zwykłej czekolady (półsłodkiej)

Rozpuść masło lub margarynę z cukrem, syropem i kakao. Wymieszaj rodzynki lub rodzynki i płatki zbożowe. Wciśnij mieszaninę do natłuszczonej formy do ciasta o średnicy 25 cm / 12 cm. Rozpuść czekoladę w żaroodpornej misce ustawionej nad garnkiem z wrzącą wodą. Rozłóż na batonach i poczekaj, aż ostygną, a następnie wstaw do lodówki przed pocięciem na batony.

Chipsy kokosowo-rodzynkowe

12 lat temu

100 g / 4 uncje / 1 filiżanka białej czekolady

30 ml / 2 łyżki mleka

30 ml / 2 łyżki golden syropu (jasna kukurydza)

175 g / 6 uncji / 6 filiżanek płatków ryżowych dmuchanych

50 g / 2 uncje / 1/3 szklanki rodzynek

W rondelku rozpuścić czekoladę, mleko i syrop. Zdjąć z ognia i wymieszać z płatkami zbożowymi i rodzynkami. Wylewamy do papierowych forminek na ciasto (papierki do babeczek) i pozostawiamy do stwardnienia.

Kawa z kwadratami mleka

20 lat temu

25 g / 1 uncja / 2 łyżki żelatyny w proszku

75 ml / 5 łyżek zimnej wody

225 g / 8 uncji / 2 szklanki zwykłych okruszków ciasteczek (herbatników)

50 g / 2 uncje / ¼ szklanki roztopionego masła lub margaryny

400 g / 14 uncji / 1 duża puszka skondensowanego mleka

150 g / 5 uncji / 2/3 szklanki cukru pudru (bardzo drobnego)

400 ml / 14 uncji / 1¾ filiżanki mocnej czarnej kawy, schłodzonej

Bita śmietana i kandyzowane (kandyzowane) plasterki pomarańczy do dekoracji

W misce zalej żelatynę wodą i pozostaw do uzyskania puszystej konsystencji. Umieść miskę w garnku z gorącą wodą i poczekaj, aż się rozpuści. Pozwól mu trochę ostygnąć. Wymieszaj okruszki ciasteczek z roztopionym masłem i wciśnij spód i boki wysmarowanej tłuszczem prostokątnej formy do ciasta o wymiarach 30 x 20 cm / 12 x 8. Ubijaj skondensowane mleko, aż zgęstnieje i stopniowo dodawaj cukier, a następnie rozpuszczoną żelatynę i kawę. Rozłóż na bazie i przechowuj w lodówce, aż stwardnieje. Pokrój w kwadraty i udekoruj bitą śmietaną i kandyzowanymi (kandyzowanymi) plasterkami pomarańczy.

Nieupieczone ciasto owocowe

Na ciasto o średnicy 23 cm / 9

450 g / 1 funt / 22/3 szklanki mieszanych suszonych owoców (mieszanka ciast owocowych)

450 g / 1 funt zwykłych herbatników (ciasteczek), pokruszonych

100 g / 4 uncje / ½ szklanki roztopionego masła lub margaryny

100 g / 4 uncje / ½ szklanki miękkiego brązowego cukru

400 g / 14 uncji / 1 duża puszka mleka skondensowanego

5 ml / 1 łyżeczka esencji waniliowej (ekstrakt)

Mieszaj wszystkie składniki, aż zostaną dobrze wymieszane. Przełożyć do natłuszczonej formy o średnicy 23 cm / 9 wysmarowanej łyżką (forma do pieczenia) wyłożonej folią spożywczą (folia) i docisnąć. Schłodź, aż będzie twarde.

owocowe kwadraty

Daje około 12

100 g / 4 uncje / ½ szklanki masła lub margaryny

100 g / 4 uncje / ½ szklanki miękkiego brązowego cukru

400 g / 14 uncji / 1 duża puszka mleka skondensowanego

5 ml / 1 łyżeczka esencji waniliowej (ekstrakt)

250 g / 9 uncji / 1½ szklanki mieszanych suszonych owoców (mieszanka ciast owocowych)

100 g / 4 uncje / ½ szklanki glazurowanych wiśni (kandyzowanych)

50 g / 2 uncje / ½ szklanki posiekanych mieszanych orzechów

400 g / 14 uncji kruchych ciasteczek (ciasteczek), pokruszonych

Na małym ogniu roztapiamy masło lub margarynę z cukrem. Dodać skondensowane mleko i esencję waniliową i zdjąć z ognia. Wymieszaj pozostałe składniki. Wciśnij do natłuszczonej formy do bułek szwajcarskich (patelnia Jello) i wstaw do lodówki na 24 godziny, aż masa będzie twarda. Pokrój w kwadraty.

Krakersy owocowe i włókniste

12 lat temu

100 g / 4 uncje / 1 szklanka zwykłej czekolady (półsłodkiej)

50 g / 2 uncje / ¼ szklanki masła lub margaryny

15 ml / 1 łyżka golden syropu (jasna kukurydziana)

100 g / 4 uncje / 1 szklanka płatków śniadaniowych z owocami i błonnikiem

Rozpuść czekoladę w żaroodpornej misce ustawionej nad garnkiem z wrzącą wodą. Dodać masło lub margarynę i syrop. Dodaj płatki. Przelać do papierowych foremek (papierków do babeczek) i pozostawić do ostygnięcia i stwardnienia.

Ciasto nugatowe

Na ciasto o masie 900 g / 2 funty

15 g / ½ uncji / 1 łyżka żelatyny w proszku

100 ml / 3½ uncji / 6½ łyżek stołowych wody

1 opakowanie drobnych gąbek

225 g / 8 uncji / 1 szklanka miękkiego masła lub margaryny

50 g / 2 uncje / ¼ szklanki cukru pudru (bardzo drobnego)

400 g / 14 uncji / 1 duża puszka mleka skondensowanego

5 ml / 1 łyżeczka soku z cytryny

5 ml / 1 łyżeczka esencji waniliowej (ekstrakt)

5 ml / 1 łyżeczka kremu z kamienia nazębnego

100 g / 4 uncje / 2/3 szklanki mieszanych suszonych owoców (mieszanka ciast owocowych), posiekanych

Wsyp żelatynę do wody w małej misce i umieść miskę w garnku z gorącą wodą, aż żelatyna będzie przezroczysta. Pozwól mu trochę ostygnąć. Formę do pieczenia o masie 900 g / 2 funty wyłóż folią aluminiową tak, aby folia zakrywała górę formy, a następnie ułóż połowę biszkoptów na spodzie. Masło lub margarynę utrzeć z cukrem na kremową masę, następnie dodać wszystkie pozostałe składniki. Przelać do formy i ułożyć na wierzchu resztę biszkoptów. Przykryj folią aluminiową i połóż na wierzchu ciężarek. Schłódź, aż będzie twarde.

Kwadraty mleka i gałki muszkatołowej

20 lat temu

Dla bazy:

225 g / 8 uncji / 2 szklanki zwykłych okruszków ciasteczek (herbatników)

30 ml / 2 łyżki miękkiego brązowego cukru

2,5 ml / ½ łyżeczki startej gałki muszkatołowej

100 g / 4 uncje / ½ szklanki roztopionego masła lub margaryny

Do wypełnienia:

1,2 litra / 2 pkt / 5 szklanek mleka

25 g / 1 uncja / 2 łyżki masła lub margaryny

2 oddzielne jajka

225 g / 8 uncji / 1 szklanka cukru pudru (bardzo drobnego)

100 g / 4 uncje / 1 szklanka skrobi kukurydzianej (skrobi kukurydzianej)

50 g / 2 uncje / ½ szklanki mąki zwykłej (uniwersalnej)

5 ml / 1 łyżeczka proszku do pieczenia

Szczypta startej gałki muszkatołowej

Tarta gałka muszkatołowa do posypania

Aby przygotować spód, wymieszaj okruszki ciasteczek, cukier i gałkę muszkatołową z roztopionym masłem lub margaryną i wciśnij w spód natłuszczonej formy do ciasta o wymiarach 30 x 20 cm / 12 x 8.

Aby przygotować nadzienie, zagotuj 1 litr / 1¾ pkt / 4¼ szklanki mleka w dużym rondlu. Dodaj masło lub margarynę. Żółtka ubić z pozostałym mlekiem. Wymieszaj cukier, mąkę kukurydzianą, mąkę, proszek do pieczenia i gałkę muszkatołową. Ubij trochę wrzącego mleka z żółtkami, aż powstanie pasta, następnie wmieszaj pastę do wrzącego mleka, ciągle ubijając na małym ogniu przez kilka minut, aż zgęstnieje. Zdjąć z ognia. Białka ubijamy na sztywną pianę, następnie łączymy je z masą. Wyłożyć na spód i obficie posypać gałką muszkatołową. Przed podaniem ostudź, wstaw do lodówki i pokrój w kwadraty.

chrupiące musli

Na około 16 kwadratów

400 g / 14 uncji / 3½ szklanki zwykłej czekolady (półsłodkiej)

45 ml / 3 łyżki złotego syropu (jasna kukurydziana)

25 g / 1 uncja / 2 łyżki masła lub margaryny

Około 225 g / 8 uncji / 2/3 szklanki musli

Rozpuść połowę czekolady, syrop i masło lub margarynę. Stopniowo dodawaj tyle musli, aby uzyskać sztywną mieszankę. Wciśnij do natłuszczonej formy do bułek szwajcarskich (forma do bułek z galaretką). Rozpuść pozostałą czekoladę i wygładź ją na wierzchu. Przechowywać w lodówce przed pocięciem na kwadraty.

Kwadraty z musem pomarańczowym

20 lat temu

25 g / 1 uncja / 2 łyżki żelatyny w proszku

75 ml / 5 łyżek zimnej wody

225 g / 8 uncji / 2 szklanki zwykłych okruszków ciasteczek (herbatników)

50 g / 2 uncje / ¼ szklanki roztopionego masła lub margaryny

400 g / 14 uncji / 1 duża puszka skondensowanego mleka

150 g / 5 uncji / 2/3 szklanki cukru pudru (bardzo drobnego)

400 ml / 14 uncji / 1¾ szklanki soku pomarańczowego

Do dekoracji bita śmietana i cukierki czekoladowe

W misce zalej żelatynę wodą i pozostaw do uzyskania puszystej konsystencji. Umieść miskę w garnku z gorącą wodą i poczekaj, aż się rozpuści. Pozwól mu trochę ostygnąć. Wymieszaj okruchy herbatników z roztopionym masłem i wciśnij spód i boki wysmarowanej tłuszczem płytkiej formy do ciasta o wymiarach 30 x 20 cm / 12 x 8. Mleko ubijaj aż zgęstnieje i stopniowo dodawaj cukier, następnie rozpuszczoną żelatynę i sok pomarańczowy. Rozłóż na bazie i przechowuj w lodówce, aż stwardnieje. Pokrój w kwadraty i udekoruj bitą śmietaną i cukierkami czekoladowymi.

kwadraty orzechowe

18 lat temu

225 g / 8 uncji / 2 szklanki zwykłych okruszków ciasteczek (herbatników)

100 g / 4 uncje / ½ szklanki roztopionego masła lub margaryny

225 g / 8 uncji / 1 szklanka chrupiącego masła orzechowego

25 g / 1 uncja / 2 łyżki glazurowanych wiśni (kandyzowanych)

25 g / 1 uncja / 3 łyżki porzeczek

Mieszaj wszystkie składniki, aż zostaną dobrze wymieszane. Wlać do natłuszczonej formy o średnicy 25 cm / 12 cm umieszczonej na blasze do pieczenia (blacha do pieczenia) i przechowywać w lodówce do stężenia, a następnie pokroić w kwadraty.

Miętowe Ciasteczka Karmelowe

16 lat temu

400 g / 14 uncji / 1 duża puszka mleka skondensowanego

600 ml / 1 pkt / 2½ szklanki mleka

30 ml / 2 łyżki śmietany w proszku

225 g / 8 uncji / 2 szklanki okruchów herbatników trawiennych (krakersy Graham)

100 g / 4 uncje / 1 filiżanka miętowej czekolady, połamanej na kawałki

Umieść nieotwartą puszkę skondensowanego mleka na patelni z taką ilością wody, aby przykryła puszkę. Doprowadzić do wrzenia, przykryć i gotować przez 3 godziny, w razie potrzeby dolewając wrzącą wodę. Pozostawić do ostygnięcia, otworzyć puszkę i wyjąć karmel.

Podgrzej 500 ml / 17 uncji / 2¼ szklanki mleka z karmelem, zagotuj i mieszaj, aż się rozpuści. Śmietankę w proszku zmieszać na pastę z pozostałym mlekiem, wymieszać na patelni i gotować dalej, aż zgęstnieje, ciągle mieszając. Połowę okruchów ciasteczek wysypać na spód natłuszczonej formy o wymiarach 20 cm / 8 kwadratowych / 20 cm / 8, następnie ułożyć na wierzch połowę kremu karmelowego i posypać połową czekolady. Powtórz warstwy i pozostaw do ostygnięcia. Przechowywać w lodówce, a następnie pokroić na porcje i podawać.

wafle ryżowe

24 lata temu

175 g / 6 uncji / ½ szklanki jasnego miodu

225 g / 8 uncji / 1 szklanka granulowanego cukru

60 ml / 4 łyżki wody

350 g / 12 uncji / 1 opakowanie płatków ryżowych dmuchanych

100 g / 4 uncje / 1 szklanka prażonych orzeszków ziemnych

W dużym rondlu rozpuścić miód, cukier i wodę, odstawić na 5 minut. Dodaj płatki i orzeszki ziemne. Uformuj kulki, ułóż w papierowych foremkach (papierowych do babeczek) i pozostaw do ostygnięcia i stwardnienia.

Toffi z ryżem i czekoladą

Wydajność: 225 g / 8 uncji

50 g / 2 uncje / ¼ szklanki masła lub margaryny

30 ml / 2 łyżki golden syropu (jasna kukurydza)

30 ml / 2 łyżki proszku kakaowego (czekolady bez cukru).

60 ml / 4 łyżki cukru pudru (drobnego)

50 g / 2 uncje / ½ szklanki mielonego ryżu

Rozpuść masło i syrop. Dodać kakao i cukier aż się rozpuszczą i dodać sproszkowany ryż. Doprowadzić do delikatnego wrzenia, zmniejszyć ogień i gotować na małym ogniu przez 5 minut, ciągle mieszając. Wylać do natłuszczonej i wyłożonej papierem kwadratowej formy o średnicy 20 cm (forma do pieczenia) i pozostawić do lekkiego ostygnięcia. Pokrój w kwadraty i odstaw do całkowitego ostygnięcia przed wyjęciem z formy.

pasta migdałowa

Pokrywa górę i boki ciasta o średnicy 23 cm / 9 cm

225 g / 8 uncji / 2 szklanki mielonych migdałów

225 g / 8 uncji / 11/3 szklanki cukru pudru (cukierniczego), przesianego

225 g / 8 uncji / 1 szklanka cukru pudru (bardzo drobnego)

2 jajka, lekko ubite

10 ml / 2 łyżeczki soku z cytryny

Kilka kropli esencji migdałowej (ekstrakt)

Ubij migdały i cukier. Stopniowo mieszaj pozostałe składniki, aż uzyskasz gładką pastę. Zawiń w folię plastikową i przechowuj w lodówce przed użyciem.

Pasta Migdałowa Bez Cukru

Pokrywa górę i boki ciasta o średnicy 15 cm / 6 cm

100 g / 4 uncje / 1 szklanka mielonych migdałów

50 g / 2 uncje / ½ szklanki fruktozy

25 g / 1 uncja / ¼ szklanki mąki kukurydzianej (skrobi kukurydzianej)

1 jajko, lekko ubite

Wymieszaj wszystkie składniki, aż uzyskasz gładką pastę. Zawiń w folię plastikową i przechowuj w lodówce przed użyciem.

Lukier królewski

Pokrywa wierzch i boki tortu o średnicy 20 cm / 8

5 ml / 1 łyżeczka soku z cytryny

2 białka jaj

450 g / 1 funt / 22/3 szklanki cukru cukierniczego, przesianego

5 ml / 1 łyżeczka gliceryny (opcjonalnie)

Wymieszaj sok z cytryny z białkami i stopniowo dodawaj cukier puder, aż lukier będzie gładki i biały i pokryje grzbiet łyżki. Kilka kropli gliceryny sprawi, że lukier nie będzie zbyt kruchy. Przykryć wilgotną ściereczką i odstawić na 20 minut, aby na powierzchnię wypłynęły pęcherzyki powietrza.

Ciasto o tej konsystencji można wylać na ciasto i wygładzić nożem zamoczonym w gorącej wodzie. W przypadku fajek dodaj dodatkową ilość cukru pudru, aby lukier był wystarczająco twardy, aby utworzyły się szczyty.

lukier bez cukru

Może przykryć ciasto o średnicy 15 cm / 6

50 g / 2 uncje / ½ szklanki fruktozy

Trochę soli

1 białko jaja

2,5 ml / ½ łyżeczki soku z cytryny

Zmiksuj proszek fruktozowy w robocie kuchennym, aż będzie tak drobny jak cukier puder. Wymieszaj sól. Przełożyć do żaroodpornej miski, dodać białko i sok z cytryny. Miskę postaw na garnku z delikatnie gotującą się wodą i kontynuuj ubijanie, aż masa będzie sztywna. Zdejmij z ognia i ubijaj, aż ostygnie.

lukier kremowy

Wystarcza na pokrycie ciasta o średnicy 20 cm/8 cm

450 g / 1 funt / 2 filiżanki drobnego cukru lub cukru tostowego

150 ml / ¼ pkt / 2/3 szklanki wody

15 ml / 1 łyżka płynnej glukozy lub 2,5 ml / ½ łyżeczki kremu z kamienia nazębnego

W dużym, ciężkim garnku rozpuść cukier w wodzie i postaw na małym ogniu. Oczyść boki patelni szczoteczką zamoczoną w zimnej wodzie, aby zapobiec tworzeniu się kryształów. Krem z kamienia nazębnego rozpuścić w niewielkiej ilości wody i wymieszać na patelni. Doprowadzić do wrzenia i gotować w sposób ciągły do 115°C / 242°F, kiedy kropla szronu po wrzuceniu do zimnej wody utworzy miękką kulę. Syrop powoli wlewaj do żaroodpornej miski i zostawiaj, aż powstanie skorupa. Ubij lukier drewnianą łyżką, aż będzie nieprzezroczysty i twardy. Ugniataj, aż będzie gładkie. Przed użyciem podgrzej w żaroodpornej misce nad garnkiem z gorącą wodą, aby w razie potrzeby zmiękła.

Lukier maślany

Pomieści i przykryje tort o średnicy 20 cm / 8

100 g / 4 uncje / ½ szklanki miękkiego masła lub margaryny

225 g / 8 uncji / 11/3 szklanki cukru pudru (cukierniczego), przesianego

30 ml / 2 łyżki mleka

Masło lub margarynę utrzeć na puszystą masę. Stopniowo ubijaj cukier puder i mleko, aż składniki dobrze się połączą.

Lukier czekoladowy do ciasta

Pomieści i przykryje tort o średnicy 20 cm / 8

30 ml / 2 łyżki proszku kakaowego (czekolady bez cukru).

15 ml / 1 łyżka wrzącej wody

100 g / 4 uncje / ½ szklanki miękkiego masła lub margaryny

225 g / 8 uncji / 11/3 szklanki cukru pudru (cukierniczego), przesianego

15 ml / 1 łyżka mleka

Kakao wymieszać z wrzącą wodą na pastę i pozostawić do ostygnięcia. Masło lub margarynę utrzeć na puszystą masę. Stopniowo ubijaj mieszaninę cukru pudru, mleka i kakao, aż masa będzie bardzo gładka.

Lukier z masłem z białej czekolady

Pomieści i przykryje tort o średnicy 20 cm / 8

100 g / 4 uncje / 1 filiżanka białej czekolady

100 g / 4 uncje / ½ szklanki miękkiego masła lub margaryny

225 g / 8 uncji / 11/3 szklanki cukru pudru (cukierniczego), przesianego

15 ml / 1 łyżka mleka

Czekoladę rozpuść w żaroodpornej misce ustawionej nad garnkiem z wrzącą wodą i lekko ostudź. Masło lub margarynę utrzeć na puszystą masę. Stopniowo dodawaj cukier puder, mleko i czekoladę, aż do uzyskania jednorodnej mieszaniny.

Lukier z masłem kawowym

Pomieści i przykryje tort o średnicy 20 cm / 8

100 g / 4 uncje / ½ szklanki miękkiego masła lub margaryny

225 g / 8 uncji / 11/3 szklanki cukru pudru (cukierniczego), przesianego

15 ml / 1 łyżka mleka

15 ml / 1 łyżka esencji kawowej (ekstraktu)

Masło lub margarynę utrzeć na puszystą masę. Stopniowo dodawaj cukier puder, mleko i esencję kawową, aż do uzyskania jednorodnej mieszaniny.

Lukier z masłem cytrynowym

Pomieści i przykryje tort o średnicy 20 cm / 8

100 g / 4 uncje / ½ szklanki miękkiego masła lub margaryny

225 g / 8 uncji / 11/3 szklanki cukru pudru (cukierniczego), przesianego

30 ml / 2 łyżki soku z cytryny

Skórka otarta z 1 cytryny

Masło lub margarynę utrzeć na puszystą masę. Stopniowo dodawaj cukier puder, sok z cytryny i skórkę, aż składniki dobrze się połączą.

www.ingramcontent.com/pod-product-compliance
Lightning Source LLC
Chambersburg PA
CBHW050021130526
44590CB00042B/1213